农产品供应链金融运作模式
及风险防范

徐 鹏 著

西南交通大学出版社
·成 都·

图书在版编目（ＣＩＰ）数据

农产品供应链金融运作模式及风险防范 / 徐鹏著
. —成都：西南交通大学出版社，2018.10
ISBN 978-7-5643-6530-1

Ⅰ. ①农… Ⅱ. ①徐… Ⅲ. ①农产品 – 供应链管理 –
风险管理 – 研究 – 中国 Ⅳ. ①F724.72

中国版本图书馆 CIP 数据核字（2018）第 243027 号

农产品供应链金融运作模式及风险防范

徐 鹏 著

责任编辑	罗爱林
封面设计	墨创文化

出版发行	西南交通大学出版社
	（四川省成都市金牛区二环路北一段 111 号
	西南交通大学创新大厦 21 楼）
邮政编码	610031
发行部电话	028-87600564　　　028-87600533
官网	http://www.xnjdcbs.com
印刷	四川煤田地质制图印刷厂

成品尺寸	170 mm × 230 mm
印张	6.25
字数	100 千
版次	2018 年 10 月第 1 版
印次	2018 年 10 月第 1 次
书号	ISBN 978-7-5643-6530-1
定价	36.00 元

前　言

　　"三农"问题（农民、农业、农村）是关乎我国国民整体素质、社会经济发展质量、贫富差距、社会和谐稳定的重大科学问题。基于此，21世纪以来，连续12年中央一号文件都将"三农"问题作为经济工作的首要问题。2012年12月党十八大报告及2013年11月党的十八届三中全会提出发展城乡一体化，2015年及2016年更是直接提出了农业供给侧改革、加快农业现代化进程的战略目标。显然党和政府已将未来的工作中心定调为采取各种手段、方法来支持农业、发展农业、保护农业，进而促进农村繁荣、农民增收。对于解决"三农"问题，除政府在宏观层面上积极给予政策扶持和倾斜外，还需借助农业型中小企业的力量。农业型中小企业大多植根于农村或附近区域，其生产经营多与农业、农村、农民密切相关，加工生产的对象为农产品，所用劳工多为农民，经济活动很多发生在农村，所以农业型中小企业是否健康发展关乎"三农"问题能否顺利解决。然而，由于合作社自身成立时间短、制度不完善、规模小、经营风险高等不利因素的存在，加之缺乏足够的固定资产作为抵押物，因而融资难，以致其面临着严重的发展资金不足的问题。基于此，本书针对置身于供应链环境中的农业型中小企业融资问题，研究探讨其融资路径以缓解其融资困难问题。

　　农产品供应链金融是近年来新生的一种融资路径，其重要精髓是将农业供应链中核心企业的信用注入链条中其他企业中去，以提高上下游企业的信用水平，并以所拥有的存货、仓单、订单为质押担保物进行融资。该模式主要针对中小企业融资问题，从一种崭新视角破解他们的融资困局问题。不过该方式对农业型中小企业而言还是一种较新的融资模式，在其成熟发展之前需要解决诸多问题，如运作模式、风险防范、质押率等。只有有效克服这些问题，才能真正发挥该业务的功效，破解农业型中小企业融资困局，促进其健康快速发展。在此基础上，本书对实际运作过程中的两大重要问题——运作模式及风险管理展开系统讨论和有益探索，以期为农产品供应链金融业务提供理论借鉴。

第一章阐述了所运用的基本理论，并对文献综述进行了归类整理；第二章重点探讨了农产品供应链金融运作的四种普通模式；第三章针对农产品供应链金融风险问题，运用层次分析法及模糊综合评价法研究了风险评价问题；第四章运用了因子分析法探讨业务风险评价问题，并在最后给出了防范对策；第五章则是利用结构方程模型研究了业务风险评价问题，在此过程中构建了风险评价体系，并进行了修缮；第六章则针对业务中银行与 3PL 之间委托代理关系衍生的道德风险问题，应用委托代理理论进行了研究，并考虑了供应链核心企业参与的情形。

本书在撰写过程中参考了大量的国内外书籍、期刊、报纸等文献资料，尽管作者努力寻找，但仍然无法将所有成果一一搜寻到位，在参考文献中难免有些遗漏。这里特向被漏列文章的作者表示歉意，并向所有的作者表示最诚挚的感谢。

本书的相关研究是国家社会科学基金一般项目——"互联网+"农产品订单质押融资模式创新及风险防范研究（批准号：16BGL002）、教育部人文社会科学青年项目——基于供应链金融的农产品质押融资风险预警及应急机制研究（批准号：14YJC630152）及重庆市博士后科学基金特别资助项目——基于供应链金融的农产品质押融资风险管理研究（项目批准号：Xm2014070）的阶段性研究成果。此外，本书的相关研究得到了重庆市教育委员会科学计划项目（批准号：KJ1400106）及中国博士后科学基金面上项目（批准号：2014M562504XB）的资助，在此一并表示衷心的感谢。

由于时间仓促及作者水平有限，不足之处在所难免。对于书中存在的偏颇、不当之处，敬请读者批评指正。

徐　鹏

2018 年 6 月 15 日于重庆

目　录

第一章 农产品供应链金融文献综述

第一节 供应链金融及农产品供应链金融概述

一、供应链金融

供应链金融（Supply Chain Finance，SCF）是指银行等金融机构根据供应链中核心企业的信用资质，以供应链节点企业的真实贸易为基础，引入上游核心企业作为借款企业的信用担保机构，对供应链中的信息流、物流和资金流进行有效的控制，建立借款企业销售收入的封闭式账户，并以节点企业的未来交易所产生的现金流为还款来源，为中小企业提供融资服务的一种业务模式。简而言之，就是在供应链中找一个在行业中占主导地位的核心企业，并以其为出发点，为供应链上下游节点企业提供融资支持。

二、农产品供应链金融

农产品供应链金融是指在保持农产品供应链中农户、加工商、批发商等各个参与成员之间的法律和经济独立的基础上，遵循供应链上成员所签署的合作协议，利用成员之间共享利益与信息，共担风险的一种新型金融服务方式（李炎炎，2013）。农产品供应链金融是农村、农业、物流、金融有效融合的新机制，是现代物流产业发展的重要创新。银行介入农产品供应链中，对链条中货币资金的流动、组织、调剂进行优化，弥补资金薄弱节点。这不仅对破解农户、中小企业融资困局具有重要意义，而且对促进供应链资金链、信息流、物流的有效整合及高效率、低成本运作具有重要影响。

第二节 农产品供应链金融文献综述

一、国外研究综述

基于供应链金融的存货质押融资业务在国外的研究比较早。早在1916年美国政府就颁布了《仓库存贮法案》，建立了以家庭式农场为主融资的"仓单质押"系统规则。国外对于存货质押贷款的研究主要集中在业务演进、运作流程以及业务操作等方面。

Dunham（1949）总结了20世纪50年代西方资本主义国家存货质押融资的法律环境、仓储方式和监控流程等问题。

Eisenstadt（1966）介绍了20世纪五六十年代存货质押融资的商业运作模式、控制方法及其优缺点。

Barnett（1997）研究了存货质押融资的提供主体，并指出由于允许银行混业经营，提出了设立集银行和物流企业于一体的"物资银行"，为存货质押融资业务提出了新的发展模式。随着竞争的加剧、规避贷款信用风险的需要以及供应链金融和物流金融的发展，金融机构和物流企业在存货质押融资上不断开展各种物流和供应链金融的整合与创新。

Lacroix（1996）通过对美国与处于经济转型中的发展中国家在存货质押融资取得的发展成果比较，提出现阶段开展存货质押融资业务的整合与创新对于发展中国家的信贷市场发展具有极其重要的现实意义。

Comptroller of the currency（2001）提出了存货质押融资业务价值风险的构成以及形成的原理，指出最主要的存货质押融资风险为质押物的价值风险。其主要由三部分组成：一是存货价格的波动风险，由质押存货的市场供需状况确定；二是借款企业的外生违约风险，由质押存货未来市场上的销售价格和借款的存续时间确定；三是国家宏观经济政策变动的风险，主要由通货膨胀率及信贷利率确定。

Wright（1998）指出在存货质押融资业务中，因为质押存货的事前评估价值可能受一系列原因的影响而发生变动，包括借款企业的控制、市场供需状况的变化以及产品技术的更新换代等因素，因此对质押存货的最终实现价值很难做到准确估计。正因如此，他建议引入具有一定经验与实力的第三方代为评估和监管。这为今后物流企业参与存货质押融资业务提供了有力的支持。

Mann（1997）分析了在融资业务中提供贷款担保的重要性，并研究了以存货作为贷款担保对融资业务参与各方的影响。这为研究存货质押融资具体模式中对参与各方的成本与收益的影响提供了参考。

Diercks（2004）介绍了一些对存货质押融资实施严密监管的有效方法，并论证了实施严密监管的必要性。

Neville（2008）研究了在存货质押融资业务中对存货价值的鉴定方法，并指出了此项操作中的注意事项。

物流金融与供应链金融的服务定价在国外的研究较早，相关研究成果丰富。Goyal（1985）通过建立在延迟支付条件下的采购模型，并得出经济订货批量的公式，在对该项研究成果的论证中将采购价格和销售价格看作是影响经济订货批量相同因素。James（1991）研究了在经济订货批量模型中关于供应商守约问题，其研究成果认为在标准的经济订货批量下，供应商不允许零售商推迟付款，但是在具有零售商再订购的情况下，才允许延迟付款。Aggarwal 和 Jaggi（1985）构建了在延迟支付情形下易逝商品的最优订货批量模型。Chu（1998）在 Goyal 的研究基础之上对经济批量订货模型做了进一步的改进，简化了求解经济订货批量的算法，之后又在 Aggarwal 的研究基础之上提出了模型的凹凸性。Chang（2002）研究了供应商款货现付和延迟支付两种情况，并得出了零售商的经济订货批量。Hwang 和 Shinn（1997）构建了在运费有折扣和需求是价格函数两种情形下的采购模型。Sarker 和 Jamal（2000）研究了零售商在延迟支付供应商收取相关利息情况下的付款策略。Salameh 和 Abboud（2003）研究了在延迟支付条件下，需求均匀且提前期随机的持续采购策略。Chang（2003）等人构建了在采购数量达到一定规模时，供应商才允许零售商延迟支付货款的模型。

Lambert（1999）指出物流服务供需双方之间应当建立一种长期信任、互利互惠的战略合作伙伴关系，在这种情况下单位产品的物流服务价格成为影响双方关系的主要因素，因为它关系到双方利益分配的同时决定着在这种战略合作伙伴关系下双方是否能达成既定目标，保持良好的合作伙伴关系，以使整个供应链更具有竞争优势。Radner（1981）在假设双方都有足够的耐心的情形下，且委托人和代理人之间能够保持长期战略伙伴关系，通过重复博弈模型证明了帕累托一阶最优风险的分担和激励是可以实现的。目前国外对信贷合约的研究主要是基于 Stiglitz-Weiss 模型，以信息不对称为基本假设，研究信贷市场的经济效率和均衡。

目前学术界关于信贷合约的研究主要分为两种类型：基于 Spence 的信号传递模型和基于 Rothchild-Stiglitz 的筛选模型。后者在存货质押融资业务的信贷合约设计中被广泛应用。Guillen 和 Badell（2007）在研究供应链金融业务的中小企业信贷风险时发现，金融机构和借款的中小企业之间存在信息不对称问题，金融机构很难了解借款企业的实际经营状况、产品销售等基本信息，并指出应引入第三方物流企业来消除金融机构和借款企业的信息不对称问题。这一问题的有效解决不仅有效降低了金融机构的信贷风险，而且在很大程度上提高了金融机构对中小企业贷款的积极性。Guillen（2006）等学者在对供应链金融中存货质押融资业务的研究中发现，存货质押融资业务能够减少借款企业存货的库存量，在节省库存成本的同时能够盘活其存货，从而减少资金占有率，创造新的利润增长点。

在激励研究方面，Corbett 和 Tang（1999）讨论了在简单两级供应链下且市场需求确定，在供应商提供不同类型的契约时其对供应链的影响。Xing（2005）在分析委托代理理论时发现，上游制造商和下游零售商之间存在多个环节的委托代理关系，并以此为切入点建立了制造商对制造商的激励合约。Cachon（2003）在研究供应链企业之间激励契约时指出，激励契约以两种形式存在，即线性契约和非线性契约，提出由于非线性契约的复杂性，线性激励方式成为供应链成员之间收益分配的主要方式。

二、国内研究综述

（一）供应链金融运作模式

陈祥锋、石代伦等（2005）从中小企业融资困境、银行等金融机构竞争压力、第三方物流企业面临的激励市场竞争三个方面分析融通仓形成原因的基础上，详细阐述了融通仓的概念，指出融通仓实质上是物流与金融的集成式创新服务，它不仅可以为企业提供高水平的物流服务，也可以缓解中小企业融资难的问题，解决企业运营中现金流的资金缺口。郑鑫等（2006）指出了融通仓的三种基本运作模式：质押担保模式、信用担保（统一授信）模式和保兑仓模式，认为在信用担保（统一授信）模式下，申请贷款和质物仓储两项任务整合操作，减少了业务操作环节，提高了质押贷款的运作效率，降低了银行实施此业务的风险。陈祥锋、石代伦、朱道立等（2005）结合企业运营过程中的资金缺口周期特征以及融通仓系统理论，提出在"支付现金"至"卖出存货"的资金缺口期，易采用动产管理的融通仓管理模式，在"卖出存货"至"收到现金"的资金缺口期适用基于资金管理的融通仓模式，而基于风险管理的融通仓运作模式则适用于企业运营周期的各个阶段。闫俊宏、许祥秦（2007）在分析供应链金融的核心理念及特点的基础上，针对应收款、预付款和存货分别设计了应收账款融资、保兑仓融资和融通仓融资模式，并对这三种模式进行了比较分析。陈祥锋、朱道立等（2005）认为融通仓是一个较为复杂的系统，不仅涉及多个企业之间的合作与协调，而且需要一套关键理论和技术的支撑，因此他们认为用系统的思想来研究和设计融通仓服务模式是保证其成功运营和健康发展的关键之一。为此，他们按系统的拓扑结构，将融通仓分为"纵向融通仓""横向融通仓""星状融通仓"和"网状融通仓"四类。张凯、董千里、尚鸿雁（2008）在分析了我国现阶段对外贸易扩张瓶颈的基础上，研究了融通仓在推动对外贸易中的可行性及影响融通仓服务平台运行的关键，为融通仓的良好发展提供建议，并分析了融通仓通过整合银行、企业、物流公司三方资源使动产成为可控的质押品，为解决中小贸易企业融资难题提供了有效途径；应雯珺、仲文娜（2006）利用系统动力学分别模拟有无资金约束条件下供应链系统的绩效，比较资金约束对订购量、库存水平、累积利润影响的基础上，提出将融通仓的概念引入有资金约束的供应链模型，并提出了一种解决资金约束问题的可行性方案；国外对与融通仓相似的仓单质押业务研究起步较早，发展也比较成熟。Eisenstadt（1966）、Friedman（1942）以及 Harold F. Birnbaum（1948）指出，国外在业务模式方面，已由初期的公共仓储发展为就地仓储，并进而根据客户自身情况量身定做，监控方式也由静态监控发展为动态监控，即贷款企业可以在保证质押物总价值不变的情况下通过缴纳保证金、补充新的存货或根据银行的授权等方式取回质押物进行生产和经营。

（二）供应链金融风险管理

唐少麟、乔婷婷（2006）用博弈分析的方法从风险控制的角度论证了对中小企业开展融通仓的可行性，指出相应的风险可以通过规范管理制度和采用新的管理工具加以有效控制。张凯、董千里（2008）指出，以往学者对仓单质押融资业务流程和潜在风险的研究存在两方面的问题：一是较少结合我国实际，缺乏对适合我国实际的仓单质押业务操作方案的研究；二是没有看到操作流程与风险防范的联系。他们在此基础上，认为风险防范的关键在于事中控制，通过流程改造控制业务风险，总结出适合我国银行与企业发展现状的仓单质押融资业务操作方案，提出了控制风险的具体措施。

杨娟、任晓艳等（2008）指出，由于传统银行的贷款业务主要是固定资产抵押贷款，而多数中小企业可作为抵押的固定资产有限，通过仓单质押模式可以让企业利用流动资产实现融资，为解决银行"存贷差"开拓了新的放贷模式。他们通过对仓单质押业务的模式分析，从借款人资信风险、内部管理风险、外部环境的风险和技术风险四个方面建立了仓单质押的风险评估指标体系。

何娟（2008）在归纳融通仓风险因素架构——质物风险、监管风险、信用风险、技术风险、法律风险的基础上，建立了融通仓的风险评价指标体系，同时指出由于融通仓参与主体的多元化，导致运营中风险具有复杂性、主观性和模糊性。因此他们尝试运用结构方程理论，建立风险评价模型，同时采取模拟试验方法运行模型，得出相关评价结论，为融通仓风险测评、预警和控制提供较为有意义的参考和建议。

何娟、曹洪（2008）认为，消费企业由于其自身企业特性，使其在生产经营中面临较大的风险，而这种风险在融通仓模式中又会转嫁到银行上面，因此使银行对于消费企业的"融通仓"的风险管理更为迫切。他们结合消费型企业的特点，分析得出消费型企业融通仓风险管理的框架，以期为完善消费型企业融通仓风险管理相关问题的进一步研究提供一个平台。

徐明川[①]分析了仓单质押的三种盈利模式，同时也指出了经营过程中

---

① 杨浩雄，鲍寅丰. 物流金融业务中质押物选择研究[J]. 北京工商大学学报（社会科学版），2009，24（1）：88-93.

可能存在诸多风险，如市场风险、技术风险等。因此，他在详细分析了仓单质押所面临的风险的基础上，结合我国开展仓单质押业务的实际分析了仓单质押的风险规避方法。

陈宝锋、冯耕中等（2007）认为，采取有效的价值风险控制方法对存货质押融资业务的发展有着重大意义。他们在动态控制存货价值量下限的质押方式下，考虑市场的有效流通速度、持仓量以及物流企业变现能力对变现时间的影响构建变现时间模型，提出度量价值风险模型。通过对贷款价值比率、贷款利率、持仓量、物流企业变现能力进行敏感性分析，发现贷款价值比率对价值风险最为敏感，其次是持仓量、物流企业变现能力，而贷款利率对价值风险不敏感；在风险规避方面国外已将信用等级评定的定量技术应用到存货质押融资业务中，一些预警技术和风险价值评估方法在存货质押融资业务中逐渐得到应用（Stulz，1985；Jokivuolle，2003）。

（三）供应链金融贷款价值比率

李毅学、徐渝、冯耕中等（2006）指出，确定合适的贷款价值比率能够使银行有效地缓释存货质押融资业务的信用风险。因此他们沿着简化式的思路，综合考虑了外生的企业违约概率、质押存货的价格波动率、贷款的周期和盯市频率等因素的影响，为银行在保持风险容忍水平一致情况下确定特定存货质押融资业务的相应贷款价值比率提供了一个基本模型；同时，针对存货质押融资的现状，将清算延迟、流动性风险和非零的触发水平等情况引入基本模型中进行了拓展研究。

李毅学、徐渝、冯耕中（2007）针对价格随机波动的存货，应用"主体+债项"的风险评估策略，研究下侧风险规避的银行在质押存货的期末价格服从一般分布和几种具体分布时的质押率决策。进而在理论推导基础上，以实际中银行和物流企业合作开展的存货质押融资业务为背景进行案例分析。他们的研究表明，只要贷款期末价格分布已知就能求出静态质押方式下质押率的解析式。

李毅学、徐渝、冯耕中等（2007）沿用简化式的思想，在假定借款企业违约事件外生并服从重随机泊松过程，建立了一个有关贷款价值比率的模型，在他们的模型中综合考虑了银行的风险偏好，质押商品的预期收益率和价格波动率，贷款周期和盯市频率等因素的影响，为银行在保持风险容忍水平一致的情况下确定特定库存商品融资业务的相应贷款价值比率提供了科学依据。

李梦等（2010）分析了在融资客户出现违约情况下，质押物如何被快捷，高效处置的问题。易学辉（2012）研究了基于供应链金融的存货质押融资信贷决策问题。白世贞和徐娜（2013）研究了市场需求不确定下供应链金融的最优质押率问题。何娟等（2012，2013）分别研究了单一质押物和组合质押物的质押率设定及价格风险决策机制问题。陈云等（2015）基于供应链金融风险防范视角，研究了考虑流动性风险和延迟清算等因素的质押率决策问题。

（四）供应链金融契约设计

于萍、徐渝、冯耕中（2007）研究了存货质押三方契约中信贷人与物流企业之间的委托代理关系，指出当信贷人本身信息能力有限且物流企业的信息优势和努力程度对于增加信贷人的期望利率收益相当重要时，宜采用分成合约；当信贷人本身已经具有相当的信息能力，可采用固定委托合约；当物流企业的信息能力对于期望利益收益至关重要时，宜采用固定租金合约。

王文辉、冯耕中、苏潇（2008）指出，融通仓模式下的信贷合约设计模型建立在将银行作为单一的决策主体前提之下，仅按企业的风险类别区分不同债务人，忽略了其行为决策，或考虑企业的行为，但并未放到分散决策的背景下进行研究。而现实当中，对于许多企业特别是对于资金短缺的中小企业来说，融资约束直接影响其投资行为，反过来又会影响银行的期望收益水平和承担的风险比例。基于此，他们在垄断银行最大化期望收益的信贷合约设计模型基础上，引入了企业方的决策行为，将集中决策下的项目成功概率动态化，然后重点讨论了对称信息下存货质押融资业务中企业的借贷行为决策与银行间的博弈关系，得出了银行利率与企业努力水平的均衡解。

李娟、徐渝、冯耕中（2007）指出，存货质押融资业务是典型的三方模式。在这种三方模式下，银行要求物流企业紧密配合，并付出一定的监督努力水平，对中小企业进行监督并参与管理。中小企业只有在物流企业的监督与管理下才会有收益，从而才能还贷。银行将贷款收益的一部分分给物流企业，以此来激励物流企业。同时，银行也会给中小企业一定比例的报酬，激励其按时还款。基于此，他们着重分析了单阶段情况下链状联盟模式的最优化问题，并证明了其解的存在性。最后比较了直接信息和非直接信息情况下银行和物流企业联盟单位产品收益的大小。

李娟、徐渝、冯耕中等（2007）认为，存货质押业务模式在解决银行和企业委托代理问题的同时，引入了新的银行与物流企业之间的委托代理问题，针对这个问题他们提出引入阶段贷款的方法来控制风险和降低道德风险，运用参数函数比较了阶段贷款和一次性贷款的异同，得出了阶段贷款优于一次性贷款的结论，并通过运用合约作为阶段贷款的有效补充机制来更好地控制代理问题。

徐鹏等（2008）指出，在融通仓业务中第三方物流努力工作和积极参与是融通仓有效运作的关键因素，因此如何促使其努力工作是一个非常重要的问题，他们运用委托代理理论，研究银行激励和监督第三方物流努力工作的问题。模型给出银行对第三方仅采用激励以及激励和监督相结合两种情况下的均衡结果，并对两种结果进行比较，然后对模型做进一步分析。结果显示：与仅用激励手段相比，银行采用激励和监督相结合的手段会使第三方物流更加努力工作。

于萍、徐渝、冯耕中（2007）指出，存货质押贷款中，信用风险主要来源于质押物价格和流动性风险，信贷人确定适当的利率和贷款价值比能够有效缓释信用风险。基于此他们以信贷市场结构作为约束条件，求解出使信贷人期望利率收益最大化的合同利率和贷款价值比。结果显示：当抵押物流动性风险增加时，信贷人最优贷款合同应该是名义利率和贷款价值比均下降；对于质押物价格波动满足正态分布的情况，若质押物价格风险增大，信贷人最优贷款合同应该是名义利率和贷款价值比均上升。

罗齐等（2005）分析了物流企业参与下的动产质押融资的优点和运作模式，提出物流企业与融资机构共建信息共享系统、投资机构和建立针对性信用担保体系等信用整合模式。陈祥锋等（2005）结合企业运营过程中的资金缺口周期特征及融通仓系统理论，提出了基于动产管理、资金管理和风险管理的三种融通仓运作模式。谭国辉（2009）以五丰新力钢铁有限公司、河北不锈钢有限公司、中国外运仓储有限公司和深圳发展银行为参与主体，分析了仓单质押和保兑仓两种融通仓运作模式在钢铁贸易领域的运用。王勇等（2010）在分析融通仓业务的优势和效用的基础上，根据银行与物流企业间的关系，提出了四种融通仓运作模式。邓哲峰等（2010）把第四方物流引入融通仓业务中，探讨了有第四方物流参与的融通仓业务运作模式问题，并给出了两种有第四方物流参与的融通仓运作模式。谢娉娉（2010）着重从选址布局角度，探讨了委托代理和统一授信融通仓运作模式及运行框架机制。陈畴镛、黄贝拉（2015）以供应链金融中核心企业与协作企业委托代理关系为研究对象，比较分析了考虑互惠性偏好引入前后各方的收益情况。涂国平等（2016）探讨了供应链金融中声誉在激励过程中的作用问题。汪克峰、石岩然（2016）从信息对称与不对称两个方面，探讨了在线供应链金融中银行对 B2B 的激励契约设计问题，并在模型中考虑了公平偏好因素。

（五）"互联网+"供应链金融

近年来，互联网背景下供应链金融问题引起了国内外理论界和实业界的广泛关注。Cronin（1997）和 Heng（2001）等较早分析了电子商务与金融系统两者的互动关系，并对基于 Web 的电子商务金融服务的关键问题及面临的挑战进行了研究。Basu（2012）探讨了预付账款融资模式，指出通过预付融资订货可有效解决物流的滞后性，并建立了随机动态规划模型对融资的价值和可行性进行分析。谢平等（2012，2015）在国内较早对互联网金融进行研究，指出以互联网为代表的现代信息科技，特别是移动支付、社交网络、搜索引擎、云计算等将对人类金融模式产生根本影响，并将互联网金融归纳为六大模式，分别是第三方支付、P2P贷款、供应链金融、众筹融资、互联网整合销售金融产品、互联网货币。

陈一稀（2013）认为，广义的互联网金融泛指一切通过互联网技术来实现资金融通的行为。晏妮娜、孙宝文（2011）研究表明，在网络联保模式下，电商平台应制定合理的网络联保体规模并控制各参与企业的融资额度，以最大限度地降低网络联保体的违约风险。李更（2014）探讨了在互联网与金融深刻融合的当下，供应链金融如何提供融资服务、其发展的意义及未来发展趋势，其中提出了电子订单和电子仓单质押融资方案的运作方案及操作方法。郭菊娥、史金召（2014）等运用理论研究和对比研究的方法，对基于第三方 B2B 的线上供应链金融的模式演进与风险要素进行了深入分析，分析了电子订单质押融资的运作模式及风险要素。宋华（2015）在总结电子商务供应链金融发展特点和趋势的基础上，将电子商务供应链金融类型化，并结合典型企业案例分析各类电子商务供应链金融的运行规律和特点。史金召等（2015）研究了在线供应链金融中银行与 B2B 平台激励契约问题，并强调了电子订单融资需求量大，是业界主推的模式。

三、农产品供应链金融国内外研究综述

农产品订单质押是农产品供应链金融的一种运作模式，近年来一些关于农产品供应链金融的研究陆续出现。林毅夫（2007）提出了"农户+龙头企业+银行+担保公司"的融资模式，来解决农户融资困境。马九杰（2008）探讨了龙头企业基于订单农业的融资模式的动因和机制，及其对农户融资约束缓解的作用。关娜（2010）对农产品物流的物流金融模式进行了分析。邹武平（2010）探讨了供应链金融在广西蔗糖产业融资中的应用模式与价值。张东玲等（2010）基于农产品质量安全，采用因子分析法确立了农产品供应链融资的风险维度，并构建了完善的风险评价体系。樊雪志（2011）提出了通过建立完善的信用评估体系，增强涉农保险的覆盖面等措施来规避农业供应链融资中的风险。

胡天石（2013）提出利用农产品电子交易市场开展供应链金融服务。方茂扬（2013）通过对国内现有典型农产品供应链金融模式（云南临沧模式、温州鹿城模式、宁夏掌政模式及广东郁南模式）系统分析的基础上，提出了"公司+专业合作社+农户"的农产品供应链金融模式。迹象表明，基于电子商务平台的农产品融资电子商务化发展将会是未来农业发展的一个趋势，与此同时为满足互联网背景下农产品供应链融资需求，农产品供应链金融的模式设计及结合农产品电子商务平台将大数据等互联网技术应用于金融风险防控等问题将成为非常重要的研究趋势。徐鹏（2016）对农产品质押融资运作模式进行了设计，根据农产品特征及供应链金融的运作规律，设计了四种运作模式，并比较了彼此间的优劣。徐鹏（2016）分别应用因子分析及结构方程分析方法对线上农产品供应链金融风险问题进行了评估，根据评估结果对关键风险因素的防范提出了对策建议。

四、农产品供应链金融实践业务

实践中，互联网与供应链金融融合发展的实例发展迅速。2013 年 10 月，支付宝向淘宝卖家推出小微贷款客户端，提供订单贷款、随借随还等服务功能，截止到 2014 年 2 月，阿里小贷累积投放贷款已超过 1700 亿元，服务小微企业超过 70 万家，不良率小于 1%，其中 2013 年新增贷款近 1000 亿元。2013 年 12 月 6 日，京东正式上线名为"京保贝"的快速融资业务，建设银行 2012 年 7 月推出的"善融商务"，2014 年全年累计成交额近 500 亿元，交易笔数超过 200 万笔。腾讯、京东商城、苏宁等电子商务企业也陆续推出了自己的金融服务，涉足第三方支付、小额贷款领域，基金公司亦可在电子商务平台上销售基金产品。与此同时，国内一些银行开始做电子商务金融服务，比如招行的信用卡网上商城"非常 e 购"，交行的多功能电子商务平台"交博会"以及建行的"善融商务"。其中，很多农产品电子商务平台推出了线上供应链融资服务，诸如果联金服、中农网等通过订单质押、存货质押、融通仓等线上融资业务解决农产品供应链中融资难题。这些都共同推进并改变着传统金融经营模式，有力地促进了以互联网为基础的金融发展，也为农产品订单质押融资业务奠定了坚实的基础。

第二章 农产品供应链金融质押融资运作模式

第一节 引 言

随着学者对供应链金融核心业务——存货质押融资的持续关注，存货质押理论体系日趋完善，为业务实践提供了决策借鉴。但把"存货"具体化为"农产品"的研究还鲜少见，农产品作为农产品初加工企业、农民专业合作社、农村个体大户等企业存货的一种主要类型，占用了大量资金，使资金本就不宽裕的它们更加紧张，盘活农产品所占资金，关乎这些组织健康快速发展等问题，而这些组织大多植根农村，与农村、农业及农民息息相关，它们的发展对增加农民收入、促进农村发展和实现农业现代化具有重要的现实意义。所以，开展农产品质押融资业务不仅能够丰富存货质押融资理论体系，拓宽其应用范围，而且能够有效缓解涉农企业发展的资金约束，有利于"三农"问题的解决。

但不可回避的是，农产品受到时效性、易腐蚀、季节性及地域性的诸多限制，因此开展该业务需要匹配整套的质押方案、完善的物流运储条件及成熟的产销供应链体系，换言之需要有高水平物流服务商的参与，即第四方物流（Fourth party logistics）。第四方物流是一个集成商，它集管理咨询、信息技术、第三方物流服务等资源于一身，通过集成的资源为供应链提供一套完整的解决方案，提高整个链条的资源配置效率，最大化整体利益。它具备帮助企业降低成本和整合资源的能力和技术，并依靠优秀的第三方物流服务商、技术供应商、管理咨询服务商及其他增值服务单位，为客户提供广泛和个性化的供应链解决方案。总之，第四方物流的嵌入克服了农产品不易开展质押融资业务的"瓶颈"问题，有利于业务的健康发展。

目前，针对供应链金融运作模式问题，尽管许多学者从不同层面展开了分析，但把"存货"具体化为"农产品"，研究农产品供应链金融运作模式问题的文献还鲜少见。基于此，本书结合农产品慢速变质、难运输、难储存等特性，引入第四方物流参与业务，并从其与银行关系这一角度，提出了委托、统一授信、共同委托及合营四种运作模式，并详细分析了四种模式的特征和差别，以期为农产品质押融资提供实践借鉴。

第二节　农产品供应链金融质押融资的必要性及可行性

一、农产品供应链金融质押融资的必要性

（一）农业中小型企业及农村经济组织融资难

中小企业由于规模小、经营不稳定、财务制度不健全、信用等级低等因素致使融资困难，而农业中小型企业及农村经济组织融资更难。因为他们经营的主体往往与农产品有关，农产品的弱质性使企业经营风险更大，加之许多农业经济组织广泛分布在农村，零散杂乱，不易监管，因此很多金融机构不愿提供贷款。另外，它们往往缺乏抵押物，且缺乏愿为其担保的主体，以致融资更加困难。此外，缓解农业型中小企业及组织融资困境，促进其健康快速发展，对解决"三农"问题有着直接影响，所以探索破解其融资困局的新路径变得迫切而有意义，农产品质押融资为其提供了一条有效途径。

（二）存货质押融资业务应用范围拓宽的需要

存货质押融资不仅可以缓解中小企业融资困境，改善银行信贷结构，而且有助于物流企业增值服务功能的完善，扩展客户来源及嵌入借款企业所在供应链链条中去。正因存货质押融资具有"一石多鸟"的功效，所以自其诞生以来，就得到了各界的高度重视和广泛关注，学界对其相关问题展开了深入研究。随着存货质押融资运作模式，内在机理、激励监督机制、贷款价值比率等核心问题逐一解决，存货质押融资的理论体

系也日渐完善。但现有存货质押融资问题的研究局限在"存货"这一概念上，继续深入探索存货质押融资问题，势必需突破现有研究范围的限制，具体化为某一动产，这不仅可以拓宽现有研究，而且有利于指导业务实践，进一步发挥业务功能。把"存货"具体化为"农产品"，对其相关质押融资的研究就顺应了目前的发展趋势，农产品质押融资对农业型中小企业及农村经济组织等缓解融资困难具有重要的现实意义。

（三）"三农"问题顺利解决的需要

十多年来，"三农"问题一直是中央文件的重要议题、首要任务，足见国家对解决"三农"问题的决心。然而仅靠政策倾斜和政府扶持只是解决问题的基础和前提，解决农民增收、农村经济发展及农业现代化问题的有效方式之一是促进涉农企业、合作社等经济组织的健康发展。因为这些组织所需原材料多为农民直接生产提供的农产品，可有效引导农民规范化、标准化生产，实现规模效益，进而促进农业发展。此外，这些企业或合作组织通常分布在农村或周边地区，所用员工多为当地农民，这不仅能解决就业问题，还能增加农民收入，同时活跃了农村经济。所以，促进农业型中小企业和合作组织发展壮大的意义显而易见，但这些企业和组织在发展过程中面临融资难问题，破解融资困局对其发展至关重要。农产品质押融资是把其暂时闲置的农产品作为质押物向银行申请贷款，目的是盘活其沉淀资金，因此开展农产品质押融资，对破解涉农企业或组织融资困局有重要意义。

二、农产品供应链金融质押融资的可行性

（一）物流业发展迅速

农产品质押融资有别于其他存货，它具有难运输、难储存、慢速变质及价值变化大等特征，这些特性使业务开展更加依赖物流企业，且对物流企业的服务能力、服务水平的要求更高。要求物流企业不仅仅能提供简单仓储、运输、配送，更需要能够提供方案优化、路径优化、运输优化等更高水平的服务。随着我国经济的快速发展，物流业逐渐壮大，很多物流企业不再仅仅从事单一的物流作业，不再简单地进行运输、仓

储等基础作业,他们开始演化为能够提供优化服务、订单设计、融资服务的综合性物流企业,加之国外大公司纷纷落户,逐渐形成外国公司(DHL、FedEx、Shenkers、Eagle、Bax、Nippon 等)、国有企业(中铁、中邮、中远等)及民营企业(天地华宇、佳吉快运、佳宇物流、宅急送、德邦物流等)三足鼎立的局面。这为农产品质押融资提供了现实基础,克服了业务开展的瓶颈问题。

(二)存货质押融资业务日渐成熟

近年来,存货质押融资业务实践得到快速发展。1999 年,中储运(全称为中国物资储运集团有限公司)首次开展了存货质押融资,拉开了该业务的序幕。自开展该业务以来,中储运与十几家银行合作,先后为 500 多家客户提供了质押融资服务,产品涉及黑色金属、建材、食品、家电、汽车、煤炭、化工等,累计质押货物价值上百亿元。2000 年南储运与国内多家银行合作开展仓单质押融资业务,至 2004 年年末,业务融资额度达 60 亿元。2009 年在金融危机背景下,专家应用存货质押融资业务帮助长三角地区的中小企业解决了资金紧张问题,使 10 多家企业重新运转,5000 余就业岗位得以保全。在开展存货质押融资业务过程中,质押模式已由当初的静态质押(单一仓单质押,多仓单质押)发展到动态质押(循环质押)。除深发展银行外,中信银行、国家开发银行、建设银行及交通银行等金融机构也开展了存货质押业务。日渐成熟的存货质押融资业务不论在运作模式上,抑或在风险控制方法上都为农产品质押融资业务的开展提供了实践参考和经验借鉴。

(三)国家对"三农"问题的持续重视

农业型中小企业与农村、农民及农业密切相关,换言之,农业型中小企业的健康发展关乎"三农"问题的顺利解决,有利于繁荣农村经济、增加农民收入及促进农业发展。"三农"问题一直是中央持续关注的重要问题,政策倾斜明显。在这种背景下,开展农产品质押融资,解决农业型中小企业及组织融资难问题势必得到政府的推进和支持,反过来,这对农产品质押融资业务的开展也起到了促进作用。

第三节　农产品供应链金融质押融资
运作模式分析

一、农产品供应链金融委托模式

该模式是指置身供应链环境中的农产品加工企业或组织把暂时闲置的农产品质押给银行，向其申请贷款，银行把质押农产品的运输、价值评估、监管、处置等物流作业委托给第四方物流，第四方物流辅助银行对质押农产品的特性及农产品加工企业或组织的综合状况进行权衡并向银行提供评估报告，银行据此给予一定比率信贷额度的融资模式。

该模式的基本流程为：首先，第四方物流根据农产品质押融资业务的特点，分解任务，选择并分配给最佳的第三方物流去完成。选定第三方物流后，融资企业根据银行的要求把质押物运送至第四方物流指定的第三方物流仓库中，由第三方物流验收并进行价值评估。在收到第三方物流对质押物的评估报告并验收合格后，第四方物流向融资企业开具质押物证明，据此融资企业可向银行申请贷款。银行根据质押物凭证和第四方物流递交的评估报告等材料，对融资企业进行审核，若审查合格，则放贷；否则，则拒之。其次，当融资企业向银行归还部分或全部贷款本息或交存部分其他货物后，银行给第四方物流下达指令，允许等价的质押物出库，以不影响中小企业正常的生产经营。最后，银行根据融资企业的满意度及任务完成情况对第四方物流进行考评，并记录在案，以此作为下次与其合作与否的依据。（见图 2.1）

在这种模式中，银行只是把不擅长的物流作业委托给第四方物流，而是否给予信贷、信贷额度多少、贷款价值比率大小等决定权仍在银行。第四方物流根据其资源整合优势，为农产品质押融资提供整套的质押优化方案，并协助银行对农产品特性及融资企业的综合状况进行评估，为银行最终决策提供参考。第四方物流的专业性可有效降低信贷风险、减少交易成本。

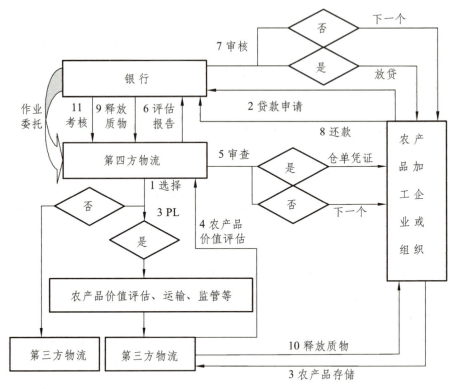

图 2.1　农产品供应链金融委托模式运作流程

注：3PL 即第三方物流。

二、农产品供应链金融统一授信模式

该模式是指置身供应链环境中的农产品加工企业或组织为缓解资金短缺以其生产经营或加工的农产品向信贷主体质押融资，银行选择规模大、信用好、经营和业绩优良的第四方物流，授予其一定的信贷配额，银行除到期收取本息和对第四方物流进行结果考评外，不参与具体业务的操作，所有作业由第四方物流完成的融资模式。

该模式的运作流程为：首先，第四方物流根据农产品质押融资业务特点选择合适的第三方物流并进行作业分包，以使资源最优配置。在授信之前，第三方物流为第四方物流向银行提供担保。其次，获得信贷后，第四方物流会要求融资企业把质押物存放在指定的第三方物流仓库内，并由第三方物流开具仓单凭证，据此单据，融资企业可向第四方物流申请贷款。第四方物流委托相关第三方物流对质押物价值进行评估分析，收到评估报告后，第四方物流会对融资企业的规模、信用等级、运营及财务等状况进行审查。若合格给予贷款，否则不贷。当融资企业将贷款本息部分或全部偿还或质押其他类型农产品后，第四方物流向第三方物流发出指令，解除等价农产品的质押，目的是减弱对融资企业正常生产经营的影响。最后，业务完成后，银行对第四方物流业务完成质量及信用状况进行考核和评价，作为下次业务是否继续及授信额度多少的考量因素。（见图 2.2）

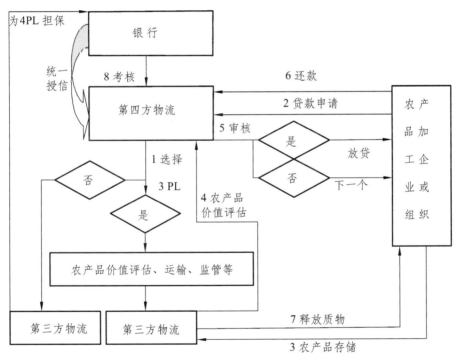

图 2.2　农产品供应链金融统一授信模式流运作流程

相比委托模式，统一授信模式主要有以下特点：

（1）第三方物流为第四方物流提供担保，以降低银行资金风险。因为第四方物流通常由两种形式演变而来：一种形式是由规模大，业绩好，竞争能力强的第三方物流形成；另一种形式是由咨询公司、IT 公司等组建。后者没有实体或规模小，所以银行要求担保亦在情理之中。

（2）融资企业根据第三方物流开具的仓单凭证直接向第四方物流申请贷款；而在委托模式中，仓单凭证由第四方物流开具，且据此向银行申请贷款。这样做，一方面可减轻银行业务负担；另一方面可避免一些风险，第四方物流对质物报告进行初审，可替银行事先筛选一些不合格的质物或发现一些问题，以提示或注意等方式在质物评估报告中注明，交由银行审查。

（3）融资企业质押物的置换、处置等不需银行过问，直接向第四方物流说明和申请即可。这种模式不仅简化了业务流程，而且能给信用好的融资企业提供更多贷款及更好的物流服务。

三、农产品供应链金融共同委托模式

共同委托模式是指置身供应链环境中的涉农企业或组织用其暂时闲置的农产品作为质押物向银行申请贷款，银行和企业把质押农产品的相关物流作业委托给第四方物流，并一起促使第四方物流努力工作，以确保质押农产品价值安全的融资模式。

在农产品质押融资业务中，第四方物流是连接融资企业、银行及第三方物流的桥梁，既是银行的代理人，代其监控仓库中的质押农产品，同时也是融资企业的代理人，代其保管仓库中的质押农产品。这种模式对质押物的要求与委托模式和统一授信模式有所不同，除考虑质押物的质地、变现能力、价格波动等因素外，还要考虑质押物对融资企业的生产经营或销售的影响，质押物的丢失、损耗等都会给融资企业造成较大的损失，如生产中断、延误，进而错失市场机会等。农产品易变质、易腐蚀、难保管的特性，使在质押期间出现毁损的概率增加，所以促使代其保管的第四方物流努力工作，认真保管才是保证质押农产品完好的有效手段。在这一点上，融资企业和银行具有一致性：共同确保质押物的安全。这为融资企业和银行结成联盟，激励第四方物流努力工作变得可能。需要说明的是，尽管银行和融资企业都有保护质押物安全的需要，但双方对第四方物流要求的侧重点不同，银行希望第四方物流确保质押物的价值稳定、变现容易等，其目的是为控制风险。中小企业则希望第四方物流能够保护质押物的完好，不要丢失、变质、损毁等，其目的是不影响生产或销售。

其基本运作流程如图 2.3 所示。

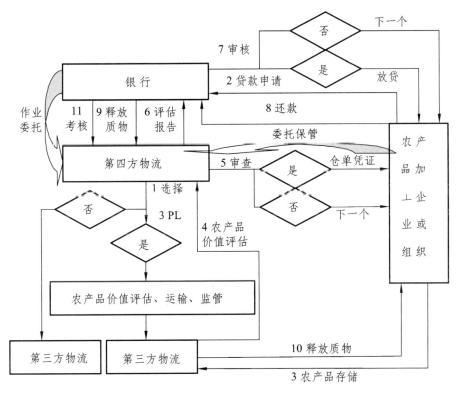

图 2.3 农产品供应链金融共同委托模式运作流程

融资企业把非常重要的农产品作为质押物存放在物流企业指定的仓库内，第四方物流把评估结果告诉银行，银行根据质押物的状况和融资企业的信用、经营、财务等情况，并参考质押物对融资企业的重要程度，给予其一定比率的信贷额。这种模式的特点在于，银行不仅仅关注质押农产品的价格波动、质地稳定与否等因素，而且还会注意质押物对融资企业的影响程度。因为影响程度越大，融资企业给予的关注就越多，越愿意与银行一起努力以保障质押农产品的完好，这样可节约银行对物流企业的激励或监督等成本。在这种情况下，银行开展该项业务的意愿就会更加强烈。

四、农产品供应链金融合营模式

合营模式是指银行和第四方物流通过彼此并购或合作建立专门的物流金融服务中心，置身供应链环境中的农业型企业或组织把暂时闲置的农产品作为质押物向其申请贷款，物流金融服务中心根据质押农产品的特性及融资主体的运营、财务、规模等综合情况给予其一定比率贷款的融资模式。其基本运作流程如图 2.4 所示。

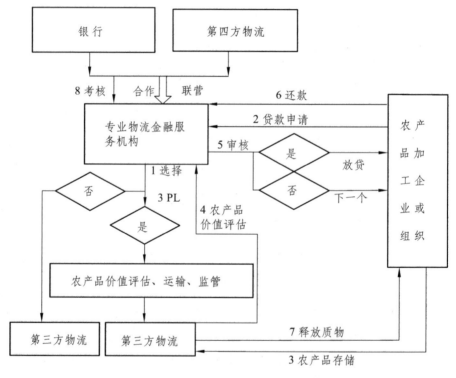

图 2.4　农产品供应链金融合营模式运作流程

合营模式是一种较高级的运作模式，银行和第四方物流之间不再是委托代理或信贷关系，而是一种联营或合作关系。通过金融机构兼并物流企业或物流企业兼并金融机构或双方联合、联营等方式形成或组建一个专门的物流金融服务机构。物流金融服务机构直接同需要质押贷款的企业接触、沟通和谈判，签订质押借款合同和仓储管理服务协议，在向融资企业提供质押融资的同时，也为其寄存的农产品质押物提供仓储管理、运输、监管等整套优化物流服务，将申请贷款和质押农产品物流作业两项任务整合操作，提高了业务运作效率。此外，该机构整合了银行风险控制和第四方物流信息传递、运输存储、评估、处置等双方优势，在提供高质量金融物流服务的同时，也能有效控制风险。在这种运作模式下，融资主体不再是单一的银行或物流企业，而是由双方创建的专门的物流金融服务机构。该机构会根据客户的需求对质押农产品提供个性化的仓储和监控服务，不再是简单的储存和监控。另外，该模式除可开展质押融资业务外，也可进行结算、咨询、出租等业务。

第四节　农产品供应链金融运作模式比较分析

为明晰上述四种模式的区别，以进一步从银行与4PL[①]关系、信贷主体、仓储方式、监管方式、融资对象要求、对4PL的要求及对质押农产品要求几个方面进行分析，探讨四种运作模式的优劣、特征、适用情形等（见表2.1）。

表 2.1　农产品供应链金融四种运作模式的比较分析

项目 / 模式	银行与 4PL关系	信贷主体	仓储方式	监管方式	融资对象要求	对4PL的要求	质押农产品要求
委托代理	委托代理	银行	公共仓储	静态或动态监管	较高	较高	高
统一授信	信贷	4PL	公共仓储或就地仓储	动态监管	低	高	低
共同委托	委托代理	银行	公共仓储	动态监管	较低	较低	较高
合营	合伙、合作、联营	物流金融服务机构	根据顾客需求和质押农产品状况量身定做	根据顾客需求和质押农产品状况量身定做	较低	较低	较低

---

① 4PL 即第四方物流。

在四种基于供应链金融的农产品质押融资模式中,信贷主体并非都为银行。在统一授信模式中,信贷主体为第四方物流;在合营模式中,信贷主体则为专门的物流金融服务机构。至于仓储方式和监管方式,合营模式相较其他模式,更加灵活,它会根据客户需求及农产品特性量身定做,如慢速变质农产品质押在离市场较近的仓库中,生鲜农产品直接质押在超市货架上等。这种灵活性能够进一步降低质押农产品对融资企业生产经营的影响及自身易变质所带来的风险。站在银行角度,对融资企业的要求比较一致,即经营健康、财务健全、信用等级好等,只是不同模式要求程度及标准不同而已,委托模式要求最为严格,因为出现问题,从而在银行需独自承担,而共同委托及合营模式要求就相对宽松。因为这两种模式中,融资企业或第四方物流参与到业务风险控制中来,他们的加入可有效弱化彼此间的信息不对称问题,一定程度上释放业务风险,即使出现问题,融资企业或第四方物流会与银行共同承担责任。统一授信模式中,银行对融资企业的要求最低,因为银行在该模式中不与融资企业直接接触,也不参与具体的业务操作,所以融资企业经营、资信、规模等状况对其影响较小,其更关注第四方物流的运营情况。第四方物流是连接银企及第三方物流的纽带,是农产品质押融资能否顺利开展的关键参与者。

在四种模式中,银行对其要求不同。在委托模式中,银行要求其规模大、财务好、信用好、信息物流技术能力强,且这种要求较高。因为第四方物流的能力强与否关乎银行委托业务能否顺利完成,关乎业务风险能否有效控制。而共同委托模式因有企业参与到业务风险控制活动中来,所以相对委托模式而言,该模式中,银行对第四方物流的要求相对较低。合营模式中银行要收购或与第四方物流合作建立专门的物流金融机构,自然在合作前,银行会详细考察第四方物流的相关条件,要求较高,但低于共同委托模式。统一授信模式中,银行会把信贷额直接授信给第四方物流,由其完全操作,第四方物流的能力、状况关乎银行信贷资金的安全,所以银行对第四方物流的要求在四种模式中是最高的。至于银行对质押物的要求,不同模式下也存在差别。委托模式和共同委托模式因都是银行最终承担主要风险,所以对质押农产品的要求也最高,比如质地稳定、价格波动幅度小、易储存、易变现等,而共同委托模式因有融资企业的协助,所以对质押物的要求相对较低。合营模式集合了银行风险控制及第四方物流的操作优势，在操作农产品质押融资业务时更加专业，所以对质押农产品的要求相对宽松，而统一授信模式因银行未参与具体业务操作，银行对质押物的状况无须给予太多关注，所以在该模式中银行对质押物的要求最低。

【本章小结】

基于供应链金融的存货质押理论体系日渐完善、业务实践日益成熟，但把"存货"具体化为"农产品"的研究和实践还较少，如何进一步拓宽质押融资业务的应用范围，使业务惠及面更广，特别是惠及涉农中小企业或组织是实业界和理论界共同关心的又一话题，涉农企业或组织发展健康与否，关乎农民是否增收、农村经济是否发展及农业是否进步的重大问题，所以探讨农产品质押融资问题有着重要的现实和理论意义。结合农产品易腐性、季节性、时效性等特性，本书引入具有强大供应链服务能力和资源整合能力的第四方物流参与业务，第四方物流的参与可有效突破农产品不宜质押融资的局限。根据第四方物流与银行的关系，本书提出了委托、统一授信、共同委托及合营四种农产品质押融资运作模式，以期为业务实践提供决策参考。

第三章　基于层次分析法的农产品供应链金融风险模糊综合评价

第一节　引　言

随着学者对供应链金融核心业务——存货质押融资的持续关注，存货质押理论体系日趋完善，为业务实践提供了决策借鉴。但现有研究把研究对象界定为一般"存货"，鲜有把"存货"具体化为"农产品"，研究农产品供应链金融相关问题。[①]，农产品作为涉农企业、农民专业合作社，农村个体大户等组织存货的一种主要类型，占据了大量资金，使资金流本就不宽裕的它们更加紧张。因此，盘活农产品所占资金，关乎这些组织健康快速发展等重大问题，而这些组织大多植根农村，与农村、农业及农民息息相关，它们的发展对增加农民收入、促进农村发展和实现农业现代化具有重要的现实意义。所以，开展农产品质押融资业务不仅能够丰富存货质押融资理论体系，拓宽其应用范围，而且能够有效缓解涉农企业发展资金不足的困境，有利于"三农"问题的解决。

但不可回避的是，农产品具有时效性、易腐蚀、季节性及地域性等限制，这决定了开展农产品供应链金融面临的不确定性较多。因此研究农产品供应链金融风险防范及评估问题就变得必要且有意义。现有关于供应链金融风险问题的研究集中在贷款价值比率[②]、物流企业道德风

---

① David Bogataj, Marija Bogataj. Measuring the supply chain risk and vulnerability in frequency space[J]. Jnternational Journal of Production Economics, 2007. 108 (1): 291-301.

② AANMARIMIN. Future manufacture environment[J]. Solid State Technology, 2011；满明俊. 农业产业链融资模式比较与金融服务创新——基于重庆调研的经验与启示[J]. 农村金融研究，2011（7）: 24-29.

险[1]、组合质押价格风险[2]、风险因素分析[3]等。与以上不同的是，本书在系统梳理农产品供应链金融风险类型的基础上，运用层次分析和模糊综合评价方法，对给定某企业开展该业务的风险进行了评价。

第二节　农产品供应链金融风险分析

尽管农产品供应链金融业务对其缓解融资困境具有重要的现实意义，但开展业务过程中的风险不可回避。所以探讨农产品供应链金融业务风险指标体系构建及防范问题变得重要。经过对农产品供应链金融业务的运作流程分析，提炼出业务的主要风险如下：环境风险、信用风险、供应链运行风险、质押农产品风险、技术风险、法律风险。

一、环境风险

环境风险主要包括自然环境、市场环境、行业环境、区域环境等，自然环境如天气、气候、自然灾害对业务影响较大。因为农产品包括改良品（随着时间流逝存货在数量或质量上发生改善）对天气、气候等自然环境的依赖较大，好的自然环境可以有效抵御农产品的变质损耗、引致活体农产品产量增加，市场供给增加，进而影响存货的变现等后续问题。市场环境描述的是就该类存货在市场上的供需、竞争、政策变更等情况所带来的不确定问题，行业环境和区域环境主要是指不同行业、不

① 庞燕，易君丽. 农产品物流金融发展的风险防范研究[J]. 物流技术，2012，31（8）：7-10；方茂杨. 国内金融支农典型模式述评与改进[J]. 金融理论与实践，2013（12）：92-96.
② 李蜀湘，颜浩龙. 基于违约风险的农产品供应链金融模式研究[J]. 物流技术，2014，33（5）：365-367；李涵，王兆旭，邹磊. 农产品订单融资的可行路径研究：理论分析与具体实践[J]. 征信，2014（4）：67-71.
③ 曾妮妮，永春芳，辛冲冲. 农产品供应链金融风险评价体系研究[J]. 农业展望，2015，（12）：15-19；王筱萍，王文利. 农村中小企业集群供应链融资：内生风险治理机制与效应[J]. 农业经济问题，2015（10）：34-42.

同区域在市场竞争水平、开发程度、技术水平、经济发展状况不同而造成的不确定问题。

二、信用风险

信用风险是指业务中参与多方因信用缺失而产生的损失。在基于供应链金融的农产品质押融资业务中，参与主体主要包括银行、借款企业、物流企业、供应链核心企业及供应链上下游企业等。而产生的信用风险主要为借款企业信用风险和物流企业信用风险。借款企业多为涉农企业，由于他们经营产品的弱质性、周期性等特征致使他们在发展前景、财务制度、企业素质等方面存在的不确定性相较其他企业较大，所以借款企业的信用风险主要表现在业发展前景、财务状况及企业素质等方面。物流企业信用风险主要体现为规模较小、实力不雄厚等引致的信用风险问题。

三、供应链运行风险

探索农产品质押融资业务无疑对涉农企业破解融资困境有重要现实意义，但农产品弱质性、慢速变质、周期性等特性使银行等金融机构不愿接受，开展业务的积极性不高，所以借款企业需置身供应链环境中，且核心企业为其业务开展提供必要辅助对业务的顺利开展大有裨益。置身于供应链环境中且有核心企业的辅助，有效降低了单个企业的违约风险，但滋生了其他与供应链有关的风险，如供应链控制风险、供应链协作风险、供应链竞争风险等。供应链控制风险是指核心企业对整个链条的吸引力和凝聚力强弱所带来的不确定性，控制力度越大的供应链风险就越小；协作风险指供应链上下游企业间的协调顺畅与否所带来的不确定，协作良好的供应链风险越小；而供应链竞争风险是指该供应链与类似行业或同行业的其他供应链的竞争能力大小所引致的不确定，供应链竞争能力越强，竞争风险就越小。

四、质押农产品风险

质押农产品风险是指因其价格降低、变现困难、选择不当、自身变质损耗等原因产生的损失，银行愿意开展该业务的关键是有农产品作为担保，借款方把农产品的相关权利质押给银行，在出现违约情况时，银行有权处置质押农产品以获得优先受偿，保证贷款资金安全。质押农产品风险主要包括质押物选择风险、价格波动风险、变现风险及变质风险。

并非所有的农产品类型都可以作为质押物进行担保质押，有些农产品价值极易变化、存储极度困难、运输极其复杂、变质极易发生等，这些农产品显然需要审慎考虑。换句话说，在选择农产品类型时，需要综合考虑其质地、市场价格、变质损耗情况、市场需求情况、季节性及周期性等因素。尽量选择质地稳定、价格波动小、需求旺盛、易储存等农产品作为质押物，这对有效降低风险大有裨益。而价格波动和变现风险是质押农产品不可回避的重要问题，质押物价格波动太大，特别是下降幅度过大，会造成价值不稳定，进而带来潜在损失，而变现困难会使银行在合作社违约时无法及时得到补偿，这也会影响信贷资金安全。

五、技术风险

技术风险是指融资服务提供商在开展存货质押融资业务过程中因缺乏足够的技术支撑而引起的风险。在业务开展过程中，质押农产品价值评估机制设计不完善或者技术水平较低，借款企业与物流服务提供商串通提供虚假仓单凭证合谋骗贷，物流企业运输路线不合理、仓储条件差、违约后对质押农产品的处置技术不高，监管技术水平弱造成价格波动没及时发现，质押农产品重复质押或所有权存在争议等，这些因技术缺失而产生的问题，都会带来风险。

六、法律风险

法律风险是由于交易合同得不到法律保护而形成的损失，主要包括合规性风险和质押农产品所有权所造成的风险。在业务开展过程中，合同范式、仓单设计、法规政策、运作机制设计及执行的合规性无疑会影响业务风险的发生与否。此外，质押农产品的权属及流动性问题，也可能产生法律问题。而我国现有《合同法》及《担保法》对农产品质押融资法律问题的规定不甚完善，且缺乏其他指导性文件，因此可能会产生法律纠纷风险。

根据上文分析，得到基于供应链金融的农产品质押融资业务风险评价指标体系，如表 3.1 所示。从表中可知，一级指标 6 个，二级指标 21 个，用字母 R 代表目标层，用字母 A 代表准则层，字母 B 代表子准则层，全面凸显了农民专业合作社开展存货质押融资业务的主要风险类型。

表 3.1　农产品供应链金融风险评价指标体系

目标层	一级层指标	二级层指标
农产品供应链金融综合风险 R	环境风险 A_1	自然环境 B_{11}
		市场环境 B_{12}
		区域环境 B_{13}
		行业环境 B_{14}
	信用风险 A_2	物流企业规模 B_{21}
		借款企业发展潜力 B_{22}
		借款企业财务状况 B_{23}
		借款企业素质 B_{24}
	供应链运行风险 A_3	控制风险 B_{31}
		协作风险 B_{32}
		竞争风险 B_{33}
	质押农产品风险 A_4	质物选择风险 B_{41}
		价格波动风险 B_{42}
		质物变现风险 B_{43}
		变质损耗风险 B_{44}
	技术风险 A_5	价值评估技术 B_{51}
		信息共享技术 B_{52}
		价格波动监测 B_{53}
		违约处理技术 B_{54}
	法律风险 A_6	权属风险 B_{61}
		合规风险 B_{62}

第三节　基于供应链金融的农产品
质押融资风险模糊综合评价

一、层次分析法及模糊综合评价法概要

层次分析法（Analytic Hierarchy Process，AHP）是将决策有关的元素分解成目标、准则、方案等层次，在此基础之上进行定性和定量分析的决策方法。其特点是在对复杂的决策问题的本质、影响因素及其内在关系等进行深入分析的基础上，利用较少的定量信息使决策的思维过程数学化，从而为多目标、多准则或无结构特性的复杂决策问题提供简便的决策方法。尤其适合于对决策结果难于直接准确计量的场合。其基本思路是将所要分析的问题层次化；根据问题的性质和所要达成的总目标，将问题分解为不同的组成因素，并按照这些因素间的关联影响及其隶属关系，将因素按不同层次凝聚组合，形成一个多层次分析结构模型；最后对问题进行优劣比较并排列。

模糊综合评价法是一种基于模糊数学的综合评标方法。该综合评价法根据模糊数学的隶属度理论把定性评价转化为定量评价，即用模糊数学对受到多种因素制约的事物或对象做出一个总体的评价。它具有结果清晰、系统性强的特点，能较好地解决模糊的、难以量化的问题，适合各种非确定性问题的解决。

层次分析法与模糊综合评价法相结合，可以互相补充，发挥各自的优势。其基本方法是：首先建立评价指标的递阶层次结构模型；然后应用层次分析法确定各指标的权重，接着应用模糊综合评价法进行综合评价，得到评价矩阵；最后根据权重向量和评价矩阵计算得出评价结果。本书运用层次分析法与模糊综合评价法的综合应用方法，以评估基于供应链金融的农产品质押融资的风险。

二、构建风险指标结构模型

通过对基于供应链金融的农产品质押融资风险梳理，得出的指标体

系如表 3.2 所示。指标体系分为三个层级，目标层、一级层（准则层）和二级层（子准则层）。目标层是我们最终需要达到的结果，为达到这一预期目标和结果，将其具体化为一级层（准则层）和二级层子准则层）。一级层和二级层是为实现目标所涉及的中间环节，通过对一级层和二级层的技术处理之后，将实现预期目标，即基于供应链金融的农产品质押融资的综合风险大小。

三、构建判断矩阵

结合前文分析得出的基于供应链金融的农产品质押融资业务风险指标体系，对指标的处理方法如下：对同一层级上的指标，以上一级指标为准则，两两比较得出相对重要程度，进而构造两两判断矩阵，再根据得出的权重计算得出该目标层对上一级因素的权重。一级层指标对目标层指标的影响权重采用 Satty 的 1~9 标度法赋值（Satty，1980），表 3.2 列示了 1~9 标度的相应值。

表 3.2　Satty 的 1~9 标度赋值方法

标度	含义
1	两个指标相比，前后者同样重要
3	两个指标相比，前者比后者稍微重要
5	两个指标相比，前者比后者较强重要
7	两个指标相比，前者比后者强烈重要
9	两个指标相比，前者比后者极其重要
2、4、6、8	两相邻判断的中间值
标度的倒数	若指标 i 与 j 的重要性之比为 a_{ij}，则指标 j 与 i 的重要性之比为 $1/a_{ij}$

四、确定权重并进行一致性检验

（一）一级层指标权重的确定

以目标层指标为准则，计算一级层指标对目标层重要性的两两比较，确定彼此间的相对重要程度，进而得到两两比较矩阵，即以"基于供应链金融的农产品质押融资综合风险"为准则，两两比较环境风险、信用风险、供应链运行风险、质押农产品风险、技术风险及法律风险六个指标对目标指标的相对重要程度，得出比较矩阵 **R-A**。然后根据判断矩阵 **R-A**，采用算术平均法，计算各指标的权重，结果如表 3.3 所示。

表 3.3　判断矩阵 **R-A** 及其权重

R	A_1	A_2	A_3	A_4	A_5	A_6	W
A_1	1	1/4	2	1/3	1/2	4	0.108
A_2	4	1	5	2	3	7	0.384
A_3	1/2	1/5	1	1/4	1/3	3	0.072
A_4	3	1/2	4	1	2	5	0.247
A_5	2	1/3	3	1/2	1	2	0.160
A_6	1/4	1/7	1/3	1/5	1/2	1	0.029

为验证表 3.3 中判断矩阵和权重的合理性，需要进行一致性检验。一致性检验过程如下：把判断矩阵和权重系数矩阵相乘得到 BW，然后利用下面公式：

$$\lambda_{\max} = \sum_{i=1}^{n} \frac{(BW)_i}{n\omega_i} = \frac{1}{n}\sum_{i=1}^{n} \frac{\sum_{j=1}^{n} a_{ij}\omega_j}{\omega_i}$$

求出 $\lambda_{\max}$ 值后，将其代入公式 $C.I. = \dfrac{\lambda_{\max} - n}{n-1}$ 中得出一致性检验指标 $C.I.$；根据表 3.4 随机性一致性检验指标 $R.I.$，然后利用公式 $C.R. = \dfrac{C.I.}{R.I.}$ 求得一致性比例 $C.R.$ 的值。若 $C.R. \leqslant 0.1$，说明判断矩阵的一致性可以接受；否则，需要对判断矩阵进行调整，重新确定权重矩阵，直至满足上述条件为止。

表 3.4　指标因素为 1～9 时 $R.I.$ 相应值

$R.I.$	平均随机一致性								
	1	2	3	4	5	6	7	8	9
	0	0	0.58	0.9	1.12	1.24	1.32	1.41	1.45

结合上述一致性检验流程，易求得 $\lambda_{max}=6.265$，$C.I.=0.053$，查表 3.4 可得 $R.I.=1.24$，所以有 $C.R.=\dfrac{C.I.}{R.I.}=0.043\leqslant 0.1$，说明判断矩阵一致性满足要求，可以接受。

由此可知，一级层权重向量 $W=(0.108,0.384,0.072,0.247,0.160,0.029)$。

（二）二级层指标权重的确定

以各一级层指标为准则，两两比较所含二级层指标对一级层指标的相对重要程度，得出两两比较判断矩阵。如以环境指标为例，此时，环境指标为一级层指标，以该指标为准则，两两比较其下一级指标，如自然环境、市场环境、行业环境、区域环境对其影响程度大小，构建判断矩阵，确定权重并进行一致性检验。同理，可以确定其他二级指标的权重。因篇幅限制，不一一进行列举，本书直接给出各二级指标的权重结果，计算过程略。各二级指标对一级指标的权重如下：

$$W_{A1}=(0.351,0.432,0.146,0.071)$$

$$W_{A2}=(0.095,0.168,0.476,0.261)$$

$$W_{A3}=(0.372,0.498,0.130)$$

$$W_{A4}=(0.085,0.421,0.325,0.169)$$

$$W_{A5}=(0.178,0.415,0.276,0.131)$$

$$W_{A6}=(0.718,0.282)$$

五、农产品供应链金融风险模糊综合评价分析

模糊综合评价法是一种基于模糊数学的综合评价方法，它根据隶属度理论把定性评价问题转化为定量评价问题。它的基本思想是：在确定了评价指标及其权重的基础上，以隶属度来表示各指标的模糊界限，构造模糊评价矩阵，然后通过综合运算，根据最大隶属度原则，确定评价对象所属的等级。

（一）确定评价等级

在给定评价指标和确定指标权重情况下，为对风险进行评价，需要

知道评价等级和评价标准。为方便评价，将评价等级分为很低、较低、一般、较高、很高五个等级，由此可知，评价等级集为 $H = (v_1, v_2, v_3, v_4, v_5) =$（很低、较低、一般、较高、很高）。至于针对不同评价等级所涉及的标准因篇幅限制，在此不予陈述。因本书的主要意图是通过层次分析法和模糊综合评价法评价农产品开展存货质押融资的风险状况，标准阐述与否不影响风险评价结果。

（二）构造模糊评价矩阵

以重庆市某家开展农产品质押融资的涉农企业为例，该企业以其所拥有且暂时闲置的一批农产品质押给银行，向银行申请贷款。银行对该企业开展该项业务的风险进行评价，邀请了 25 名熟悉该领域的相关人士，包括物流企业负责人、金融机构主管、学者及其他专家。25 名专家结合借款企业自身运作情况及所在供应链环境、质押农产品特征、所处行业情况等因素及开展该质押融资业务的相关信息、评价标准，对 21 项二级指标按照五个评定等级分别打分，然后对各指标评分进行整理和归一化处理，整理结果如表 3.5 所示。

表 3.5　农产品供应链金融风险评价表

目标层	一级层		二级层		评价等级				
	指标	权重	指标	权重	很低	较低	一般	较高	很高
农产品供应链金融综合风险评价 R	环境风险 A_1	0.108	B_{11}	0.351	0	0.10	0.25	0.35	0.30
			B_{12}	0.432	0	0.05	0.20	0.40	0.35
			B_{13}	0.146	0.20	0.25	0.35	0.10	0.10
			B_{14}	0.071	0.30	0.35	0.25	0.10	0
	信用风险 A_2	0.384	B_{21}	0.095	0.20	0.35	0.30	0.10	0.05
			R_{22}	0.168	0.10	0.15	0.20	0.35	0.20
			B_{23}	0.476	0.05	0.10	0.20	0.30	0.35
			B_{24}	0.261	0.10	0.15	0.30	0.30	0.15
	供应链运行风险 A_3	0.072	B_{31}	0.372	0.25	0.15	0.25	0.20	0.15
			B_{32}	0.498	0.10	0.30	0.35	0.20	0.05
			B_{33}	0.130	0.20	0.30	0.15	0.25	0.10

目标层	一级层		二级层		评价等级				
	指标	权重	指标	权重	很低	较低	一般	较高	很高
农产品供应链金融综合风险评价 R	质押农产品风险 A_4	0.247	B_{41}	0.085	0.20	0.25	0.30	0.20	0.05
			B_{42}	0.421	0.05	0.15	0.20	0.25	0.35
			B_{43}	0.325	0.10	0.20	0.30	0.30	0.10
			B_{44}	0.169	0.25	0.45	0.15	0.15	0
	技术风险 A_5	0.160	B_{51}	0.178	0.35	0.25	0.30	0.10	0
			B_{52}	0.415	0.10	0.15	0.20	0.35	0.20
			B_{53}	0.276	0.15	0.15	0.25	0.30	0.15
			B_{54}	0.131	0.30	0.25	0.30	0.10	0.05
	法律风险 A_6	0.029	B_{61}	0.718	0.05	0.20	0.20	0.35	0.20
			B_{62}	0.282	0.30	0.20	0.35	0.10	0.05

结合专家对每项二级层指标的评分结果和归一化技术处理后，得到如下模糊矩阵：

$$R_{A1} = \begin{bmatrix} 0 & 0.10 & 0.25 & 0.35 & 0.30 \\ 0 & 0.05 & 0.20 & 0.40 & 0.35 \\ 0.20 & 0.25 & 0.35 & 0.10 & 0.10 \\ 0.30 & 0.35 & 0.25 & 0.10 & 0 \end{bmatrix}, \quad R_{A2} = \begin{bmatrix} 0.20 & 0.35 & 0.30 & 0.10 & 0.05 \\ 0.10 & 0.15 & 0.20 & 0.35 & 0.20 \\ 0.05 & 0.10 & 0.20 & 0.30 & 0.35 \\ 0.10 & 0.15 & 0.30 & 0.30 & 0.15 \end{bmatrix}$$

$$R_{A3} = \begin{bmatrix} 0.25 & 0.15 & 0.25 & 0.20 & 0.15 \\ 0.10 & 0.30 & 0.35 & 0.20 & 0.05 \\ 0.20 & 0.30 & 0.15 & 0.25 & 0.10 \end{bmatrix}, \quad R_{A4} = \begin{bmatrix} 0.20 & 0.25 & 0.30 & 0.20 & 0.05 \\ 0.05 & 0.15 & 0.20 & 0.25 & 0.35 \\ 0.10 & 0.20 & 0.30 & 0.30 & 0.10 \\ 0.25 & 0.45 & 0.15 & 0.15 & 0 \end{bmatrix}$$

$$R_{A5} = \begin{bmatrix} 0.35 & 0.25 & 0.30 & 0.10 & 0 \\ 0.10 & 0.15 & 0.20 & 0.35 & 0.20 \\ 0.15 & 0.15 & 0.25 & 0.30 & 0.15 \\ 0.30 & 0.25 & 0.30 & 0.10 & 0.05 \end{bmatrix}, \quad R_{A6} = \begin{bmatrix} 0.05 & 0.20 & 0.20 & 0.35 & 0.20 \\ 0.30 & 0.20 & 0.35 & 0.10 & 0.05 \end{bmatrix}$$

（三）农产品供应链金融单项风险评价

针对一级指标环境风险、信用风险、供应链运行风险、质押农产品风险、技术风险及法律风险，本书结合其权重和模糊评价矩阵分别予以评价。

环境风险 $\Phi_{A1} = W_{A1} \times R_{A1} = (0.050, 0.120, 0.243, 0.317, 0.270)$

由计算结果可知，环境风险的最大隶属度为 0.317，对应于"较高"等级。根据最大隶属度原则，农产品供应链金融环境风险程度为较高。

信用风险 $\Phi_{A2} = W_{A2} \times R_{A2} = (0.086, 0.145, 0.235, 0.289, 0.245)$

由计算结果可知，信用风险的最大隶属度为 0.289，对应于"较高"等级。根据最大隶属度原则，农产品供应链金融资信用风险程度为较高。

供应链运行风险 $\Phi_{A3} = W_{A3} \times R_{A3} = (0.167, 0.144, 0.287, 0.207, 0.195)$

由计算结果可知，供应链运行风险的最大隶属度为 0.287，对应于"一般"等级。根据最大隶属度原则，农产品供应链金融操作风险程度为一般。

质押农产品风险 $\Phi_{A4} = W_{A4} \times R_{A4} = (0.113, 0.228, 0.233, 0.245, 0.18)$

由计算结果可知，信用风险的最大隶属度为 0.233，对应于"一般"等级。根据最大隶属度原则，农产品供应链金融存货风险程度为一般。

技术风险 $\Phi_{A5} = W_{A5} \times R_{A5} = (0.185, 0.181, 0.245, 0.259, 0.130)$

由计算结果可知，技术风险的最大隶属度为 0.306，对应于"较低"等级。根据最大隶属度原则，农产品供应链金融技术风险程度为较低。

法律风险 $R_{A6} = W_{A6} \times \Phi_{A6} = (0.121, 0.200, 0.242, 0.280, 0.157)$

由计算结果可知，法律风险的最大隶属度为 0.280，对应于"较高"等级。根据最大隶属度原则，农产品供应链金融法律风险程度为较高。

（四）农产品供应链金融综合风险评价

由上文分析可知，农产品供应链金融各单项风险评价结果为：

$$\Phi = (\Phi_{A1}, \Phi_{A2}, \Phi_{A3}, \Phi_{A4}, \Phi_{A5}, \Phi_{A6}) = \begin{bmatrix} 0.050, 0.120, 0.243, 0.317, 0.270 \\ 0.086, 0.145, 0.235, 0.289, 0.245 \\ 0.167, 0.144, 0.287, 0.207, 0.195 \\ 0.113, 0.228, 0.233, 0.245, 0.181 \\ 0.185, 0.181, 0.245, 0.259, 0.130 \\ 0.121, 0.200, 0.242, 0.280, 0.157 \end{bmatrix}^{\mathrm{T}}$$

根据单项风险矩阵，结合一级层指标权重，得到农产品供应链金融综合风险向量为：

$$\boldsymbol{R} = \boldsymbol{W} \times \boldsymbol{\Phi}$$

$$= (0.108, 0.384, 0.072, 0.247, 0.160, 0.029) \begin{bmatrix} 0.050, 0.120, 0.243, 0.317, 0.270 \\ 0.086, 0.145, 0.235, 0.289, 0.245 \\ 0.167, 0.144, 0.287, 0.207, 0.195 \\ 0.113, 0.228, 0.233, 0.245, 0.181 \\ 0.185, 0.181, 0.245, 0.259, 0.130 \\ 0.121, 0.200, 0.242, 0.280, 0.157 \end{bmatrix}^{\mathrm{T}}$$

$$= (0.161, 0.170, 0.241, 0.270, 0.158)$$

由计算结果可知，综合风险的最大隶属度为 0.270，对应于"较高"等级。根据最大隶属度原则，该企业开展农产品供应链金融综合风险程度为"较高"。

【本章小结】

近年来，随着供应链金融业务的不断开展和理论研究的不断深入，实践经验日益成熟，理论体系日渐完善，若进一步丰富理论体系和完善实践操作经验，拓展业务应用范围变得必要且有意义。在此背景下，把"存货"具体化为"农产品"，探讨农产品供应链金融相关问题就顺应了目前的研究现状。农产品供应链金融业务的开展不仅有利于缓解涉农企业的融资困境，也有助于农业现代化和农民收入的增加。因为涉农企业与农业、农民有着直接或间接的关联，涉农企业的健康发展，势必对农产品的需求旺盛，而农产品又是农业及农民的结果体现，所以他们之间有着内在的关联性。总之，开展农产品供应链金融业务间接有利于农业的现代化、农村的发展及农民收入的增加，即有利于"三农"问题的解决。但不可回避的是，农产品慢速变质的特性决定开展该业务的风险问题必须克服和解决，所以探讨农产品供应链金融风险问题具有重要意义。基于此，本章在系统梳理农产品供应链金融风险类型的基础上，构建了风险评估指标体系，并运用层次分析和模糊综合评价方法，评估了给定企业开展该业务的风险程度。

第四章 因子分析视角下农产品供应链金融风险评价研究

第一节 引 言

"中央一号文件"连续 12 年聚焦于"三农"问题（农业、农村、农民），这意味着党和国家政府已将"三农"问题作为日常工作的重中之重。而"三农"问题的顺利解决需要新的融资模式与之匹配，以克服在实现农业产业化、活跃农村经济及增加农民收入过程中的资金问题。农产品供应链金融的出现为其提供了一条新的融资路径。然而由于农业的弱质性，农业企业独特的生产特点，农产品的时效性、易腐蚀、季节性等特性，开展农产品供应链金融面临的不确定性较多，因此研究农产品供应链金融风险防范及评估问题就变得必要且有意义。在上一章研究基础上，本章运用因子分析方法探讨农产品供应链金融的风险评价问题，首先探讨公因子与具体风险因素的关系及支配程度，然后构建了风险管理模型，最后根据评价结果，针对相应因子特性提出了风险防范对策。

第二节 农产品供应链金融风险管理及风险因素分析

一、农产品供应链金融风险管理

农产品供应链金融是一种物流与金融业务的创新，具有重要的经济价值、社会价值及生态价值，具有"一石多鸟"的功效，在给银行、涉农企业、农产品物流企业、供应链核心企业及上下游企业等带来共赢绩效的同时，农产品供应链金融业务中因不确定因素的存在，其自身存在较大的风险，会对银行的资金、物流企业的盈利、核心企业的收益、供应链竞争能力的提升等产生较大影响。因此，参与主体尤其是银行和物流企业应做好风险防范和规避措施，而从目前农产品质供应链金融的实践运行上看，参与各方还缺乏有效的风险防范体系，对于隐藏的风险因素未能有效识别，对风险的评估缺乏有效的手段和工具，因而对风险不能开展有效的预警和防范。为此，对农产品供应链金融风险进行识别，进而构建风险防范体系变得十分重要。

二、农产品供应链金融风险因素

在参阅大量相关文献及资料的基础上，结合实际调查、调研、参观等直观分析，并咨询该领域相关专家意见，以重庆市东北区域内开展农产品供应链金融业务的企业进行实地调研。[①]根据调研结果，在反复推敲讨论的基础上，提炼出 10 个影响农产品供应链金融业务的风险因素：农产品市场供需变动风险、客户资信风险、供应链运行风险、质押农产品风险、技术风险、法律法规政策风险、内部运营管理风险、业务监督监管风险、业务模式运作风险及不可抗力风险。

（1）市场供需变动风险是指农产品由于自然环境、季节属性、市场竞争、产业政策等因素引致的供给与需求变更导致的不确定问题。

（2）客户资信风险是指借款企业因信用缺失而产生的损失。在该业务中，借款企业多为农户、中小企业，他们在发展前景、财务制度、企业素质等方面存在的不确定性易致使其信用缺失。

（3）供应链运行风险是指供应链在协作、控制、竞争等方面强弱所

---

① 重庆市东北区域包括 11 个区县，是重庆生态涵养区。该区域地势优越，气候适宜、人口较多，农业较为发达，为农产品质押融资业务开展提供了较好的条件，具有一定的代表性。此外，农产品供应链金融包括许多运作模式，如仓单质押、保兑仓、订单质押、融通仓、存货质押等，本书的风险分析侧重于存货质押运作模式。存货是资金的另一种存放形式，是需要物流、信息流通力配合的典型，也是供应链金融的核心模式。

引致的不确定。供应链控制是指核心企业对整个链条的吸引力和凝聚力强弱，控制力度越大的供应链运行风险可能就越小；供应链协作风险指供应链上下游企业间的协调，协作良好的供应链运行风险可能越小；供应链竞争是指该供应链与类似行业或同行业的其他供应链的竞争能力，供应链竞争能力越强，供应链运行风险可能就越小。

（4）质押农产品风险是指因其价格降低、变现困难、选择不当、自身变质损耗等原因产生的损失。

（5）技术风险是指在开展业务过程中因缺乏足够的技术支撑而引起的风险。在业务开展过程中，质押农产品价值评估机制设计不完善或者技术水平较低，借款企业与物流服务提供商串通提供虚假仓单凭证合谋骗贷，物流企业运输路线不合理、仓储条件差、违约后对质押农产品的处置技术不高，监管技术水平弱造成价格波动没及时发现，质押农产品重复质押或所有权存在争议等，这些因技术缺失而产生的问题，都会产生风险。

（6）法律法规政策风险是由于交易合同得不到法律法规等保护而形成的损失。主要包括合规性风险和质押农产品所有权所造成的风险。在业务开展过程中，合同范式、仓单设计、法规政策、运作机制设计及执行的合规性无疑会影响业务风险的发生与否，此外农产品的权属及流动性问题，也可能产生法律问题。

（7）内部运营管理风险是指业务参与主体中因组织机构设置、管理监督机制、操作人员业务素质、管理层决策失误等原因导致的不确定问题。

（8）业务监督监管风险是指负债业务监督监管的相关主体因对质押物价格波动、市场环境变化、借款企业经营状况变化、质押物存放位置及处置等不当所导致的不确定问题。

（9）业务模式运作风险是指银行或物流企业因商业模式选择（与产品类型、周期性等特征是否匹配）、质押方式确定（动态质押或静态质押，就地仓促或公共仓储等）、监管方法选择（高频监管、低频监管、现场监管等）、质押率确定等不当所造成的损失。

（10）不可控风险是指由自然灾害、政治动荡、政策变更等不可控因素造成的灭失风险。

风险因素汇集如表 4.1 所示。

表 4.1　农产品供应链金融主要风险因素

X_1 市场供需变动风险	X_6 法律法规政策风险
X_2 客户资信风险	X_7 内部运营管理风险
X_3 供应链运行风险	X_8 业务监督监管风险
X_4 质押农产品风险	X_9 业务模式运作风险
X_5 技术风险	X_{10} 不可控风险

第三节　因子分析视角下农产品供应链金融风险分析

一、因子分析

因子分析法（Factor Analysis）是从研究变量内部相关的依赖关系出发，把一些具有错综复杂关系的变量归结为少数几个综合因子的一种多变量统计分析方法。它的基本思想是，将观测变量进行分类，将相关性较高即联系比较紧密的分在同一类，而不同类变量之间的相关性则较低，那么每一类变量实际上就代表了一个基本结构，即公共因子。对于所研究的问题就是试图用最少个数的不可测的所谓公共因子的线性函数与特殊因子之和来描述原来观测的每一分量。其优点是，确定的权数是基于数据分析而得到的指标之间内在结构关系，不受主观因素的影响，且得到的因子之间彼此独立，信息交叉少；同时，没有对原有变量进行取舍，而是根据原有变量的信息重新组合，简化数据。这样得到的因子变量更具有可解释性，命名清晰性高，使分析评价的结果更具有客观性和确定性。因子分析的主要过程如下：

假设某事物的影响变量有 n 个，设为 X_1，X_2，$\cdots$，X_n。每个变量含有 m 个影响因子，设为 F_1，F_2，F_3，$\cdots$，F_m（$m<n$），这些影响因子为公因子，且变量与因子之间的关系如下：

$$X_1=\lambda_{11}F_1+\lambda_{12}F_2+\cdots+\lambda_{1m}F_m+\varepsilon_1$$
$$X_2=\lambda_{21}F_1+\lambda_{22}F_2+\cdots+\lambda_{2m}F_m+\varepsilon_2$$

…

$$X_n = \lambda_{n1}F_1 + \lambda_{n2}F_2 + \cdots + \lambda_{nm}F_m + \varepsilon_n$$

式中，ε_1，ε_2，…，ε_n 为特殊因子，仅对其所属变量产生影响，且与共性因子相互独立。

二、因子分析视角下的农产品供应链金融风险分析

由于上述农产品供应链金融风险因素在实际中难以量化，所以采用 Satty 的 1~9 标度法赋值（Satty，1980）进行衡量，表 4.2 列示了 1~9 标度的相应值。9 表示风险程度最高，1 表示最低。采用德尔菲法，邀请了 35 名熟悉该领域的相关人士，包括物流企业负责人（9 人）、金融机构主管（13 人）、学者（11 人）及其他专家（2 人）。35 位专家结合借款企业自身运作情况及所在供应链环境、质押农产品特征、所处行业情况等因素及开展该业务的相关信息、评价标准，对上述农产品供应链金融风险因素分别打分，并反复咨询，最后共收到有效样本数据 32 份。

表 4.2　Satty 的 1~9 标度赋值方法

标度	含义
1	两个指标相比，前后者同样重要
3	两个指标相比，前者比后者稍微重要
5	两个指标相比，前者比后者较强重要
7	两个指标相比，前者比后者强烈重要
9	两个指标相比，前者比后者极其重要
2、4、6、8	两相邻判断的中间值
标度的倒数	若指标 i 与 j 的重要性之比为 a_{ij}，则指标 j 与 i 的重要性之比为 $1/a_{ij}$

为对取得的 32 份农产品供应链金融的风险因素样本数据进行处理，本书选择 Spss 软件进行巴特利特球型检验和 KMO 检验。经过分析计算，求得样本数据的适度值是 0.732，符合因子分析的基本要求。基于特征根原则选择了 F_1、F_2 和 F_3 三个公因子，其累计方差率达到了 82.159%。表 4.3 给出了三个公因子的特征根、方差贡献率和累计方差贡献率。

表 4.3 三个公因子的特征根、方差贡献率和累计方差贡献率

公因子	特征根	方差贡献率	累计方差贡献率	
F_1	5.438	49.362%	49.362%	
F_2	2.369	23.412%	72.774%	
F_3	1.216	9.385%	82.159%	

为使取得的公因子具有较为明显的意义，对初始因子载荷矩阵进行方差最大化正交旋转。因子载荷意指每个因子主要由哪些变量提供信息，计算结果如表 4.4 所示。

表 4.4 正交旋转后公共因子载荷矩阵

风险因素	公共因子		
	F_1	F_2	F_3
X_1	0.215	0.312	0.915
X_2	0.812	0.148	0.674
X_3	0.783	0.254	0.451
X_4	0.936	0.169	0.624
X_5	0.914	0.367	0.419
X_6	0.613	-0.151	0.924
X_7	0.587	0.937	-0.169
X_8	0.621	0.892	-0.214
X_9	0.953	0.674	0.126
X_{10}	-0.105	0.358	0.873

由表 4.4 的结果可知，公因子 F_1 对于客户资信风险（X_2），供应链运行风险（X_3），质押农产品风险（X_4），技术风险（X_5）及业务模式运作风险（X_9）具有支配作用。这些指标反映的是业务运作风险，因此可称该因子为经营运行风险因子，从表中数据反馈结果易知，经营运行风险是业务面临的主要风险类型。公因子 F_2 基本支配了内部运营管理风险（X_7）和业务监督监管风险（X_8），这两个指标代表的是物流企业内部运作管理情况，因此可称该因子为内部管理因子。第三个公因子主要支配

了市场供需变动风险（X_1）、法律法规政策风险（X_6）及不可控风险（X_{10}），这些指标反映的是外部环境风险，因此可称该因子为外部环境因子。

为进一步探究公因子的成因问题，我们将公因子表示成原始变量的线性组合，通过计算可得各不同样本的公因子得分。计算结果如表 4.5 所示。

表 4.5　三个公因子得分系数矩阵

风险因素	公共因子		
	F_1	F_2	F_3
X_1	0.015	-0.051	0.317
X_2	0.211	0.014	0.159
X_3	0.257	0.128	-0.149
X_4	0.318	0.026	0.216
X_5	0.236	-0.103	0.104
X_6	0.105	0.027	0.279
X_7	-0.026	0.346	0.024
X_8	0.036	0.286	0.038
X_9	0.324	0.157	-0.057
X_{10}	0.017	0.124	0.267

由表 4.5 可知，三个公因子表示为原变量线性组合如下：

F_1=0.015X_1+0.211X_2+0.257X_3+0.318X_4+0.236X_5+0.105X_6-0.026X_7+0.036X_8+0.324X_9+0.017X_{10}

F_2=-0.051X_1+0.014X_2+0.128X_3+0.026X_4-0.103X_5+0.027X_6+0.346X_7+0.286X_8+0.157X_9+0.124X_{10}

F_3=0.317X_1+0.159X_2-0.149X_3+0.216X_4+0.104X_5+0.279X_6+0.024X_7+0.038X_8-0.057X_9+0.267X_{10}

把重庆东北区域不同区县收集的样本数据代入上式，即可获知不同区县开展农产品供应链金融的风险大小。进行分析后，可按照风险大小进行排名，在防范上可有针对性地进行机制设计。

为评价该区域各区县总的风险情况,我们根据表 4.5 中的因子方差的贡献率,构造总体风险评价模型:

$$F=0.513F_1+0.115F_2+0.219F_3$$

式中,F 表示农产品供应链金融风险的总得分;F_1,F_2,F_3 表示每个因子得分。将各个因子的得分代入上式即可得到总得分,从而可对该区域各区县开展农产品供应链金融进行风险分析和总体评价,为相关部门制定政策提供决策建议。

第四节　农产品供应链金融风险防范对策

一、防范经营运作风险的对策

供应链企业间建立信息共享平台,加强协调沟通。农产品供应链金融业务不再局限于一个企业,而要拓宽至整个供应链的环境中,金融机构和物流企业不再仅仅关注单个企业的运行状况,而应关注整个链条的运行情况,所以高效、顺畅的链条运作可规避诸多风险。针对业务,借款企业、核心企业、金融机构等建立信息共享平台,对借款企业的资金使用、销售、回笼等流动情况进行监管,一方面,可避免资金的不明流向;另一方面,能够促进链条间的协调沟通,促进信息流的有效畅通。设置客户企业及质押物准入标准,在金融机构或物流企业在开展业务之前,需要对借款企业、借款企业所在链条进行评估,看是否符合纳入业务体系的标准,具体评价指标包括借款企业的资信等级、规模、发展前景、产品特性、所在链条的运行整体情况等。增加投入提高业务操作的技术水平,农产品产业特性使农产品供应链金融业务相较一般产品融资业务更为复杂,在许多业务节点上更加依赖技术,如农产品价值评估、仓储条件、运输方式及路线、质押农产品价格波动检测等,所以提高技术水平利于减少风险。

二、防范内部管理风险的对策

公司组织机构设置合理,组织机构清晰合理,不仅能够使指令有效传递，权责清晰、分工明确，也有助于相互监督和合作。加强人员培训，农产品供应链金融业务的特殊性，更需要相关人员的娴熟技术和丰富的经验，同时也有赖于其高度的责任心，通过适当的培训促使员工掌握和熟悉业务流程、关键环节、应急方法等，这无疑对降低业务风险大有裨益。建立恰当的激励约束机制，通过设置职位升迁、物质或精神奖励等方法，促使相关人员或其他参与人员努力工作、恪守尽责，减少道德风险。

三、防范外部环境风险的对策

完善相关法律法规，防范外部风险，农产品供应链金融环境复杂，涉及诸多的法律问题，而这些法律风险的有效规避，需要相应的法律法规的设立。如《合同法》《物权法》《担保法》《公司法》等，这些法律的有效颁布和实施为农产品供应链金融的开展提供了基本的法律保障，建立了高效同一的物权登记政策和网络化、信息化的物权公示制度，避免权属不清争执风险，明细业务权责协议，避免权责不明相互推诿风险，统一仓单格式标准设计，避免仓单板式多样化而引致的混乱、舞弊等风险，完善违约后相关法律条款的修订，以防止违约出现后而无法可依的尴尬局面。法律制度的修缮，可保障农产品供应链金融的合理、合规和高效运作。

【本章小结】

农产品供应链金融是一种全新的金融模式，为破解链条中农户、中小企业融资困局提供了新的路径选择。其以整条供应链为服务对象，针对链条中的资金薄弱环节，以彼此间真实的贸易为基础，通过上下游企业间的协作或核心企业的帮扶，提升借款企业的信用等级，消除银企间的信息不对称，完成融资活动的业务模式。这对降低供应链运作成本，提升供应链竞争能力具有重要的现实意义。不过该业务运作环境复杂，涉及主体较多，利益诉求不同，操作环境烦琐，加之没有成熟理论作为指导，致使农产品供应链金融开展过程中风险防范问题变得迫切。假如农产品供应链金融业务开展过程中的风险能够得到有效防范，其不仅利于缓解涉农企业的融资困境，也有助于实现农业现代化和增加农民收入。因为涉农企业与农业、农民有着直接或间接的关联，涉农企业的健康发展，势必对农产品的需求旺盛，而农产品又是农业及农民的结果体现，所以他们之间有着内在的关联性。总之，开展农产品供应链金融利于农业的现代化、农村的发展及农民收入的增加，有助于"三农"问题的解决。

第五章　基于结构方程模型的农产品供应链金融风险防范研究

第一节　引　言

农产品供应链金融的出现提供了一条新的融资路径。农产品供应链金融以整条供应链为服务对象，针对链条中的资金薄弱环节，以彼此间真实贸易为基础，通过上下游企业间的协作或核心企业的帮扶，提升借款企业的信用等级，消除银企间的信息不对称，完成融资活动的业务模式。实践中，农产品供应链金融已悄然兴起，黑龙江龙江银行于 2006 年尝试农业供应链金融业务。截至 2011 年年末，该行为农业供应链金融业务发放的贷款余额已达 72 亿多元，累积投放数额达 268 亿，覆盖土地面积达 3800 多万亩，惠及农户及就业人员已超过 550 万人，并在实践中开创了收储公司+农户、公司+合作社+农户、协会+农户等多种运作模式。2012 年山东寿光开创了由地方政府主导，银行、保险公司参与的旨在为蔬菜农户及企业提供资金的农产品供应链金融模式。截至 2013 年 8 月，业务惠及当地农户 6000 多户，龙头企业 21 家，农民专业合作社 11 家，累积发放贷款 9.3 亿元。此外，随着互联网技术的快速发展，许多农产品电子商务平台，如国联金服、中农网等，开创了线上农产品供应链金融服务模式。不难发现，农产品供应链金融业务在实践中得到了快速发展。然而，由于农产品的周期性、农业的弱质性、农业企业生产的独特性等因素使开展农产品供应链金融业务面临的不确定性较多，因此研究业务风险防范及评估问题就变得必要且有意义。

以上两章分别运用层次分析法、因子分析法研究了农产品供应链金融的风险评价问题，为本章的研究提供了较好的基础。但上述两种方法存在一定的局限性，都无法描述变量内部的结构关系问题，只能分析观测变量和潜在变量之间的关系。此外，上述研究忽略了农产品供应链金融风险的复杂性、主观性等特点，使传统评价方法恐无法提供更为可靠的评价结果。基于此，本章应用另一种方法——结构方程模型来探讨农产品供应链金融的风险问题。首先，本章梳理了农产品供应链金融的风险要素；其次构建了业务风险评价指标体系，并检验修缮；再次构建了结构方程模型，并运行模型给出评价结果；最后针对评价结果，给出了风险防范对策。

第二节　农产品供应链金融风险管理及因素分析

一、农产品供应链金融风险管理

农产品供应链金融是一种物流与金融业务的融合创新，具有"一石多鸟"的功效。不过在给银行、涉农企业、农产品物流企业、供应链核心企业及上下游企业等带来利益的同时，农产品供应链金融业务因多种不确定因素的存在，也会对银行的信贷资金、物流企业的盈利、核心企业的收益、供应链竞争能力的提升等产生较大影响。因此，参与主体尤其是银行和物流企业应做好风险防范和规避措施。从目前农产品质供应链金融的实践操作中观测发现，参与各方还缺乏有效的风险防范体系，对于业务中潜在的风险因素未能有效识别，对风险的评估缺乏有针对性的操作工具，因此对业务风险不能开展有效的预测和防范。有鉴于此，对农产品供应链金融风险类型辨识、归纳，进而构建风险防范体系变得迫切且必要。

二、农产品供应链金融风险因素

通过广泛收集及大量阅读相关国内外文献及资料等方式获得对农产品供应链风险的初步认识，在此基础上，以重庆市东北区域内开展农产品供应链金融业务的企业进行实地调研①，取得研究分析的直接资料及数据，结合专家意见及调研结果，经过多次讨论，提炼出五个影响农产品供应链金融业务风险架构：信用风险、供应链运行风险、质押农产品风险、技术风险、法律法规政策风险。

（一）信用风险

信用风险是指借款企业因信用缺失而产生的损失。在农产品供应链金融质押融资业务中，参与主体较多，主要包括银行、借款企业、物流企业、供应链核心企业及供应链上下游企业等。而产生的信用风险主要表现为借款客户信用风险和物流企业信用风险，借款客户多为涉农企业、农户。因它们经营产品的弱质性、季节性、周期性等特征致使它们在发展前景、财务制度、企业素质等方面存在的不确定性相较其他企业大，所以借款客户的信用风险主要表现在发展前景、财务状况及企业素质等方面。物流企业信用风险主要体现为规模小、专业度和责任度不强等引致的信用风险。

（二）供应链运行风险

供应链运行风险是指由农业供应链在某些方面强弱所导致的不确定，这些方面包括协调性、控制程度、竞争力等。控制可理解为农业链条中核心企业（农贸市场、大型农业加工企业、龙头企业、物流中心等）对产业链条上下游企业的吸引力和凝聚力强弱，控制程度越强，该链条的运行风险就越小；协调风险可理解为链条中企业间的协作顺畅程度，协调性越好的链条，其运行风险越小；竞争力意指该链条与相似或相同链条间的竞争强弱，竞争力越强的链条，其运行风险越小。

---

① 重庆市东北区域包括 11 个区县，是重庆生态涵养区。该区域地势优越，气候适宜、人口较多，农业较为发达，为农产品质押融资业务开展提供了较好的条件，具有一定的代表性。此外，农产品供应链金融包括许多运作模式，如仓单质押、保兑仓、订单质押、融通仓、存货质押等，本书的风险分析侧重于存货质押运作模式。存货是资金的另一种存放形式，是需要物流、信息流通力配合的典型，也是供应链金融的核心模式。

（三）质押农产品风险

质押农产品风险意指因其变质、价值减少、变现不畅、品种筛选不恰当等原因造成的损失，银行愿意开展该业务的关键是有农产品作为担保。借款客户把农产品的相关权利质押给银行，在出现违约情况时，银行有权处置质押农产品以获得优先受偿，保证贷款资金安全。质押农产品风险主要包括质物选择风险、价格波动风险、变现风险及变质风险。并非所有的农产品类型都可以作为质押物进行担保质押，有些农产品价值极易变化、存储极度困难、运输极其复杂、变质极易发生等，这些农产品显然需要审慎考虑。换句话说，在选择农产品类型时，需要综合考虑其质地、市场价格、变质损耗情况、市场需求情况、季节性及周期性等因素。尽量选择质地稳定、价格波动小、需求旺盛、易储存等农产品作为质押物，这对有效降低风险大有裨益。而价格波动和变现风险是质押农产品不可回避的重要问题，质押物价格波动太大，特别是下降幅度过大，会造成价值不稳定，进而带来潜在损失，而变现困难会使银行在合作社违约时无法及时得到补偿，这也会影响信贷资金安全。

（四）技术风险

技术风险意指质押业务进行中因缺乏相应的技术支撑或技术水平低下而产生的风险。在业务开展过程中，质押农产品价值评估机制设计不完善或者技术水平较低，借款企业与物流服务提供商串通提供虚假仓单凭证合谋骗贷，物流企业运输路线不合理、仓储条件差、违约后对质押农产品的处置技术不高，监管技术水平弱造成价格波动没及时发现，质押农产品重复质押或所有权存在争议等，这些因技术缺失而产生的问题，都会产生风险。

（五）法律法规政策风险

法律法规政策风险意指业务开展过程中因产生纠纷、矛盾时缺乏法律法规制度支撑而造成的损失，主要包括合规性风险和质押农产品所有权所造成的风险。在业务开展过程中，合同范式、仓单设计、法规政策、运作机制设计及执行的合规性无疑会影响业务风险的发生，此外农产品的权属及流动性问题，也可能产生法律问题。

第三节　农产品供应链金融风险指标 评价体系构建及修缮

　　结合以上对农产品供应链金融风险要素的分析，本书对其风险评价体系进行了初步构建，如图 5.1 所示。

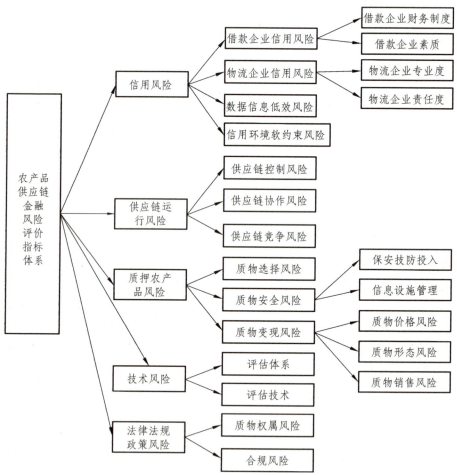

图 5.1　农产品供应链金融风险评价指标体系的初建

　　在初步构建线上农产品供应链金融风险指标体系的基础上，为保证评价指标的稳定性或可靠性，本书对其开展了信度检测。通过对每个风险评价指标的多次反复验证，并以检测结果的一致性程度作为指标稳定性的判断标准，照此方法重新推敲指标体系，剔除一致性差的指标，从而优化并确定最终的评价指标。

在进行信度检测的过程中，以 0.78 作为阈值，以克朗巴哈系数和 SPSS 统计软件作为分析方法和工具，对问卷中的每个问题项开展检验，检测结果显示大部分问题项目的信度值处于可以接受的范围。通过检验以后，使用 SPSS 统计软件对问卷调查所得的数据开展深度分析和挖掘，把每个指标的分析结果值与克朗巴哈系数值进行比较，若评价指标的克朗巴哈系数值大于 0.75，表示业务风险评价指标得到了被咨询专家学者较高的认可。相反，若业务风险评价指标的克朗巴哈系数值小于 0.78，则需一一去掉下属评价指标，然后进行重新检测。如果发现去掉某一个所属风险评价指标后能够使指标系数值增加，则表明该风险评价指标的一致性较弱，据此，剔除该指标及对应的问题项目。

分析过程具体如下：在初步构建了上述风险评价指标体系后，采用 Satty 的 1~9 标度法赋值（Satty，1980）进行衡量，表 5.1 列示了 1~9 标度的相应值。9 表示风险程度最高，1 表示最低。应用德尔菲法，向 24 位熟悉该领域的相关人士，包括物流企业负责人（2 人）、金融机构主管（5 人）、政府农业管理部分负责人（5 人）、农业型企业管理者（8 人）、高校学者（3 人）及其他专家（1 人）进行咨询。25 位专家结合农产品供应链金融运作情况及所在产业环境、质押农产品特征、所处市场情况等因素及开展该业务的相关信息、评价标准，对农产品供应链金融风险因素分别打分，并反复咨询。

表 5.1　Satty 的 1~9 标度赋值方法

标度	含义
1	两个指标相比，前后者同样重要
3	两个指标相比，前者比后者稍微重要
5	两个指标相比，前者比后者较强重要
7	两个指标相比，前者比后者强烈重要
9	两个指标相比，前者比后者极其重要
2、4、6、8	两相邻判断的中间值
标度的倒数	若指标 i 与 j 的重要性之比为 a_{ij}，则指标 j 与 i 的重要性之比为 $1/a_{ij}$

　　结合专家学者对风险要素指标评价结果，并以专家学者所在领域为依据对指标权重进行赋值，然后综合打分值及权重通过计算获得专家学者咨询意见的最终结果。最后对每个指标的结果开展信度检测，根据检测结果，有 2 个评价指标的一致性较弱，删除了这些指标及对应的问题项，17 个指标的克朗巴哈系数值大于 0.78，通过了信度检测，对这 17 项指标重新编号，最终确定线上农产品供应链金融的风险评价指标体系（见图 5.2）。

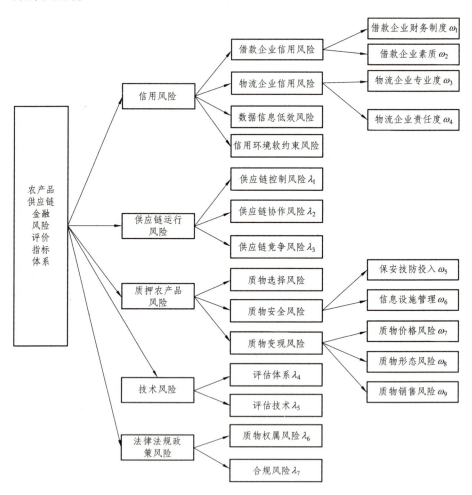

图 5.2　农产品供应链金融风险评价指标体系的初建

第四节　数据来源及研究方法

一、数据来源

由前文分析可知，本书所用数据均来自对重庆东北区域开展质押融资业务的农业型中小企业、物流企业及金融机构等单位的实地调研及问卷调查结果。调研活动由项目组开展，实地走访了部分位于重庆东北区域不同片区的代表性农业型中小企业、物流企业及金融机构，针对本书的研究问题，设计了科学的调查问卷。经过专家指导及项目组反复论证，确定问卷内容，共发放问卷 150 份，收回 144 份，回收率 96%。对问卷进行初步整理后，缺失值的处理采用表列删除法，即在一条记录中，只要存在一项缺失，则剔除该记录。最终获得 136 个数据，剔除无效问卷后，有效样本共 141 个。为了保证问卷内容的可信度，对问卷的第 7 题和第 16 题设计相同的问题，对两道题目的答题情况进行相关性分析，分析结果显示相关系数达到 92%，说明样本的可信度较高。

调查样本的地理分布如表 5.2 所示。

表 5.2　调查样本的地理分布

项目	万州	开县	云阳	巫溪	巫山	丰都	奉节	城口	忠县
农业型企业数	10	5	6	4	3	7	6	6	3
物流企业数	9	7	4	5	4	8	3	4	6
银行	11	6	8	4	6	4	5	3	3

二、研究方法

虽然本书已努力缩减了调查的风险项目，但仍然涉及信用、供应链运行、质押农产品、技术及法律法规政策五个方面的风险。若本书针对这个方面的风险分别研究，虽然有机会获得较为明细的结果或结论，但不能对农产品供应链金融业务的总体风险得到一致的理想结果，故需要采用某种方法以综合五个方面的风险，即设置若干"潜变量"。从图 5.2 中所列的 17 种风险因素中可以看出，有几种风险因素无法直接使用某个风险指标进行简单指代，而应使用综合风险指标进行反映，并且这 17 种风险因素中的若干风险因素间明显存在较重的关联性。针对这种情形，不难得出，一般性回归模型、Logistic 回归模型等无法满足分析需要。基于此，本书尝试采用结构方程模型进行分析。

结构方程模型（Structural Equation Modeling，SEM）是一种具有普适性的用来处理因果关系模型的统计方法，其基本依赖联立方程求解。不过该统计方法与计量经济学中的联立方程模型相比，又有所不同。联立方程模型仅能够分析可观测量变量之间的因果关系，而结构方程模型不仅能够分析可观测变量间的复杂关系，而且能通过因子分析方法构造若干"潜变量"，并分析潜变量间抑或潜变量与可观测变量间的复杂关系。不难发现，结构方程模型为无法测量变量的计量提供了可能。正是由于结构方程模型的此种优势，使其成为诸多学科研究中首选的分析方法。结构方程模型一般分为两个部分：测量模型和结构模型。结构方程模型的示意图如图 5.3 所示。

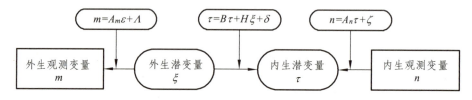

图 5.3　结构方程模型示意图

（一）模型构建

样本收集后，对样本进行了深入分析，分析发现农产品供应链金融风险的结构方程模型可假设由 5 个潜变量构成，每一个潜变量都受到与之呼应的观测变量影响和决定。其中，内生潜变量信用风险因素 τ_1 由融资企业财务制度 ω_1、融资企业素质 ω_2、物流企业专业度 ω_3 及物流企业责任度 ω_4 四个观测变量确定；内生潜变量质押农产品风险因素 τ_2 由保安技防投入 ω_5、信息管理设施 ω_6、质物价格风险 ω_7、质物形态风险 ω_8 及质物销售风险 ω_9 五个观测变量确定；外生潜变量供应链运行风险因素 ε_1 由供应链控制风险 λ_1、供应链协作风险 λ_2、供应链竞争风险 λ_3 三个观测变量确定；外生潜变量技术风险 ε_2 由质物评估体系 λ_4、质物评估技术 λ_5 两个观测变量确定；外生潜变量法律风险 ε_3 由质物权属风险 λ_6、合规风险 λ_7 两个观测变量确定。

结合前文假设和分析，本书建造了农产品供应链金融风险评价的结构方程模型，表达式如下：

$$m=Am\xi+\Lambda$$

$$n=An\tau+\zeta$$

$$\tau=B\tau+H\xi+\sigma$$

式中，m 和 n 分别是 ξ 和 τ 的测量变量矩阵；Am 表示潜在外生变量矩阵 ξ 和其测量变量 m 之间的关系；An 表示潜在内生变量矩阵 n 和其测量变量 τ 之间的关系。Λ、ζ 分别为 m、n 测量上的误差项；B 为结构系数矩阵，表示结构方程中潜在内生变量矩阵 τ 的构成因素之间的互相影响；H 表示结构方程中潜在外生变量矩阵 ξ 因素之间的互相影响的结构系数；σ 是潜变量结构方程的随机变量，表示方程中未被解释的部分。结合上文分析，结构方程模型能够有效处理潜变量间的复杂关系，则本书中的潜变量问题、序列相关问题等都可以得到恰当的处理。

（二）模型运算

为取得模型的运行结果，本书采用 Spss 统计分析软件运行模型，通过对有关数据的不断重复调试，反复验证，最终给出了较为理想的模型运行结果。为便于阅读和理解，作者把模型运行结果汇集在表 5.3 中。

表 5.3　农产品供应链金融风险参数估值及可信度

风险因素	Estimate	T	P-value
信用风险	0.451	3.263	0
供应链运行风险	0.386	3.359	0
质押农产品风险	0.613	3.146	0
技术风险	0.336	2.651	0
法律法规政策风险	0.113	2.134	0
融资企业财务制度	1.032	3.267	0

风险因素	Estimate	T	P-value
融资企业素质	1.318	2.937	0
物流企业专业度	1.416	3.324	0
物流企业责任度	1.253	2.631	0
供应链控制风险	1.041	2.250	0
供应链协作风险	0.852	1.687	0.040
供应链竞争风险	0.533	1.676	0.060
保安技防投入	1.231	2.369	0
信息设施管理	0.732	1.783	0.030
质物价格风险	1.585	2.886	0
质物形态风险	1.464	3.264	0
质物销售风险	1.313	3.349	0
质物评估体系	1.025	2.364	0
质物评估技术	1.122	2.543	0
质物权属风险	0.314	1.657	0.035
合规风险	0.156	1.831	0.010

（三）模型运算结果检验及分析

为检验模型对数据的拟合情况，同时也为保证运行结果的可靠性，本书选择一些检测方法，从多角度、多方面对模型拟合效果进行检验和评价。检验结果如表 5.4 所示。

表 5.4　模型整体拟合情况的相关检验

统计量	卡方	自由度	P 值	NFI	RFI	IFI	TLI	CFI	CMIN/DF	CMSEA
模型指标	336.18	141	0	0.913	0.894	0.937	0.918	0.927	1.763	0.036

从表中检验结果可知，本书所建造的模型通过相关检验，符合结构方程拟合要求，为此，可以根据模型运行结果对有关问题进行系统剖析。

根据表 5.3 的运行结果可知，前 5 栏是五个潜变量的回归系数估计结果，后 12 栏是剩余十二个观测变量的回归系数估计结果。从显著性视角观察发现，每个参数都是显著的，都通过了显著检验。从回归结果这一视角来看，质押农产品风险对农产品供应链金融业务风险的影响最大，影响系数为 0.613。在其所属指标中，质物价格风险最为重要，其估计值最大，其次为质物形态风险和销售风险。这表明，农产品供应链金融业务过程中，要重点防范质押农产品风险，尤其是质物价格风险。

业务中，应选择质物价格变化不大的品种作为质押物。信用风险在指标估计值中排在第二位，为 0.451。其所属指标中，融资企业的素质及物流企业的专业度较为重要，估计值较大，企业素质意指融资企业的信誉度、规章制度、领导层的整体经验、品牌形象等，素质好的融资企业通常愿意保护企业美好形象，所以一般情况下不愿意违约。而物流企业的专业度是决定业务能否顺利开展的又一关键因素，因为农业型企业大多植根农村，它们面临的交通、环境复杂，加之农产品周期性、易腐性、难储存等特性，这些都要求物流企业需要具备较高的业务水平。

供应链运行风险的估计值排在第三位，为 0.386。其中，供应链控制风险的估计值大于供应链协作和供应链竞争风险指标的估计值。在农产品供应链金融业务运行中，供应链核心企业的作用尤为重要，其对业务担保、协助及促进供应链的正常运行起到至关重要作用，而效果发挥的强弱取决于核心企业对该供应链的控制力度。

技术指标的估计值排在第四位，为 0.336。表明技术指标对农产品供应链金融业务风险的影响较小，所属指标中，质物评估技术的估计值略大于质物评估体系的评估值。因为农产品的特性决定对其价值评估更加依赖高水平的技术服务。

法律法规风险指标对业务风险影响最小，为 0.113，在所属两个指标中，质物权属风险的估计值要大于合规风险的估计值。

第五节　农产品供应链金融风险防范对策

一、防范质押农产品风险对策

业务中，质押农产品是信贷资金安全的保障之一，且从上文评价结果可知，质押农产品风险指标对业务风险的影响最大，因此对其风险的防范应为重点。防范措施可以从以下几个方面开展。首先，在质押物品种的选择上，严格标准，控制质押类型，选择价格波动小、质地结构稳定、易运输、易存储、对仓储条件要求不高、市场流动性较好的农产品类型作为质押物。其次，在质押过程中，物流企业应加强监控，履行好监管职责，把质押农产品存放于适宜的位置，并为其做好标记，以防止被盗等。此外，应利用其熟悉市场的能力，加强对该质押农产品的市场价格、供需情况等检测，若出现异常，应及时利用与银行间的信息平台告知银行，以便其做出应对措施。最后，物流企业和银行应对质押农产品的销售渠道进行了解并掌握，以确保在借款客户违约后，能够通过其构建的销售渠道及时变现，减少损失。

二、防范信用风险对策

信用风险防范主要从融资企业和物流企业两个方面开展。融资企业财务状况及财务制度是否健全应作为评价其未来违约与否的一个重要指标之一，财务状况及制度是保障其按期还款的一个重要保障，其健全与否会直接影响未来企业的行为决策，进而影响业务风险。融资企业素质是企业对自身形象、品牌、美誉的追求的整体呈现。该指标越好，企业出现违约的概率就越低，因此考核该指标是有效防范业务风险的又一关键环节。物流企业方面，首先，组织机构设置应合理。组织机构清晰合理，不仅能够有效传递指令，权责清晰、分工明确，也有助于相互监督和合作。其次，应加强人员培训，农产品供应链金融业务的特殊性，更依赖于相关人员的娴熟技术和丰富的经验，同时也需要其高度的责任心，通过适当的培训促使员工掌握和熟悉业务流程、关键环节、应急方法等，这无疑对降低业务风险大有裨益。此外，建立恰当的激励约束机制，通过设置职位升迁、物质或精神奖励等方法，促使相关人员或其他参与人员努力工作、恪守尽责，从而减少道德风险。

三、防范供应链运行风险对策

链条内部构建信息互享平台，保障信息互通。农产品供应链金融业务的一个显著特点就是，关注点不再聚焦某个企业，而是延伸至整个链条。风险防范上，参与主体银行等不再单单关注借款企业的生产经营等情况，相反其会更关心整个链条，特别是核心企业的经营情况。因此，供应链的高效运作是降低风险的重要环节，而信息在链条内的高效流通是链条平稳运行的保障。链条内借款企业、核心企业应与链条外金融机构、物流企业等构建信息互享平台。这样一来，不仅可以对借款企业信贷资金使用、回笼等流动情况有所洞察和进行监管，规避资金流向不明，而且也能够促进链条内外协调沟通，促使信息在参与主体间的有效流动。

设置借款客户及质押物进入条件。在业务开展前，需对借款企业及其所处链条展开评价，检测是否满足进入业务体系条件，若不满足，拒绝纳入。评估指标包含借款客户的资信水平、企业规模、财务状况、生产经营范围、所在链条整体运作情况等，而质押物的评估指标包括价格波动、变质速度、变现难易、存储条件要求等。

四、防范技术风险对策

提高业务处理的技术水平。农产品的特性使农产品供应链金融业务相较一般产品融资业务更为复杂，在许多业务节点上更加依赖技术，如农产品价值评估、仓储条件、运输方式及路线、质押农产品价格波动检测等，这些业务处理会因技术支撑不足或技术水平低下而产生风险，所以提高作业任务的技术水平对降低风险发生概率有积极意义。而提高业务处理技术水平的一个策略就是增加投入，如采购更加先进的价值评估设备、质押物变质、损耗检测设备、价格波动观测设备、仓库监控设备、运输路线优化设备等以确保业务处理的准确性和有效性。

五、防范法律法规政策风险对策

制定或完善相关法律法规。农产品供应链金融是一项全新的融资模式，业务运作过程中面临许多新的业务类型，而在现有的法律制度或条款中并未涉及，以致对业务中出现的纠纷和矛盾无法找到解决依据，或者有些条款存在，但并非用于解决新事物出现的新矛盾。有鉴于此，制定或修缮相关法律条款具有重要意义。农产品供应链金融业务运作过程中，可能涉及的法律有《合同法》《物权法》《担保法》《公司法》等，制定或修缮这些法律的相应条款对农产品供应链金融的健康运行具有显著意义。比如，建立标准化的物权登记政策及网络化的物权公示制度，规避权属不明风险的发生；明细业务权责协议，避免权责不明相互推诿风险；统一仓单格式标准设计，避免仓单板式多样化而引致的混乱、舞弊等风险；完善违约后相关法律条款的修订，以防止违约出现后而无法可依的尴尬局面等。

【本章小结】

农产品供应链金融是一种全新的金融模式，为破解链条中农户、中小企业融资困局提供了新的路径选择。不过该业务操作环境烦琐，涉及主体较多，且参与各方利益诉求不尽相同，加之缺乏成熟的理论作为指导，致使农产品供应链金融开展过程中面临的风险较多，影响业务的有效开展。若农产品供应链金融业务风险能够得到有效评价、预警及控制，不仅有助于缓解涉农企业的融资困境，也有利于农业现代化的实现和农民收入的增加。因为涉农企业与农业、农民有着紧密的联系，涉农企业的健康发展，势必对农产品的需求产生积极影响，而农产品又是农业及农民生产及劳动结果的体现，所以他们之间存在着"一荣俱荣、一损俱损"的内在关联。总之，农产品供应链金融的有效实施有助于农业现代化的实现、农村经济的发展及农民收入的增加。

第六章　农产品供应链金融中银行对 3PL 的激励监督机制

第一节　引　言

　　前面几章应用层次分析、因子分析、结构方程等方法对农产品供应链金融风险问题进行了探讨，评估了业务风险，并根据业务风险评估结果，对影响业务风险的关键要素提出了防范建议。但对于农产品供应链金融业务而言，参与业务的主体较多，形成的委托带来关系较多。其中，银行与第三方物流（3PL）就是委托与代理的关系，银行委托质押业务中的物流作业给 3PL，尤其负责物流作业的具体操作，所以物流企业努力与否关乎业务能否顺利开展，进而影响银行信贷资金安全。促进 3PL 努力工作，防范其道德风险发生是业务开展过程中的又一关键风险类型。有鉴于此，本章应用委托带来理论，研究了银行与 3PL 之间的委托代理问题，构建了委托代理模型，并在模型中考虑了供应链核心企业参与银行 3PL 激励监督情形，并分协助参与及合作参与两种情况进行了探讨，针对每种参与方式特征，构建了相应模型，给出了最优解，通过对最优解的解析，得出了一些新的结论。

第二节　模型建立

一、相关概念及业务流程

在银行和链条中融资客户把质押物交付给第三方物流后，因彼此间存在信息不对称。第三方物流为实现自身利益最大化目标，可能会利用私人信息选择利己的努力水平，引致不利于银行和融资客户的道德风险问题。在缺乏激励或监督环境中，第三方物流可能更倾向于偷懒、监管松懈、怠慢等行为，致使质押农产品损失增加（如价格波动损失、丢失、变质等），影响银行信贷安全。而质押农产品价格波动、毁损、质变等会给融资客户正常经营产生显著影响，如生产中断、合同延误、机会丧失等，进而影响供应链整体进度和绩效，对供应链核心企业利益产生较大影响，造成潜在损失。因为随着社会分工不断细化，市场竞争已不单单局限于企业间，已扩延至整个供应链条间。在此情景下，供应链内各企业间的链接较以往更为紧密，"一荣俱荣、一损俱损"已成为现实链条内企业关系的生动写照。因而链条内企业生产经营的中断都会引起后续环节的停滞，甚或中断，农产品供应链由于其产品特性、经营方式特征及上下游企业的分散性决定业务健康运行更需要彼此间的无缝连接和完美协调。基于此，银行和供应链核心企业有意愿促使第三方物流企业努力工作。与仅采取激励措施相比，银行和供应链核心企业应用激励和监督双重式举措，或许能够使第三方物流企业更加努力工作。为直观理解供应链核心企业参与激励监督下的农产品质押融资运作流程及激励监督方式，本书给出了业务运作流程及激励监督图，如图 6.1 所示。

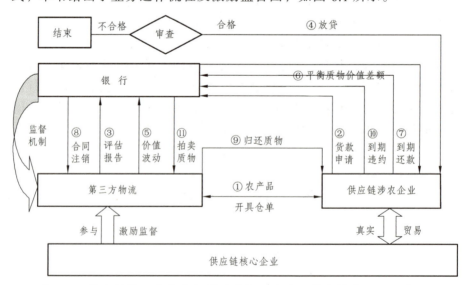

图 6.1　供应链核心企业参与激励监督下农产品供应链金融运作流程

二、研究假设

农产品供应链中的中小企业缺少生产经营资金通过农产品供应链金融向银行融资，质押农产品是融资客户的原材料、半成品、库存商品等，是生产经营中必需的物质，其质变、毁损、价值减少等会给融资客户带来较大损失，如生产被迫中断、完工期限延误，产品质量降低、市场机会错失等，进而影响链内其他成员绩效，尤其是核心企业。

供应链核心企业愿意与银行共同激励和监督第三方物流，以促使其在业务中努力工作。

银行利用农产品供应链金融业务发放的贷款数量为 I，贷款利率为 r（单利），贷款周期为 T，由此易知银行期末时收益为 $R = I \times r \times T$。

3PL 的努力和能力信息为私人信息，其他方无法获知，只能根据努力结果进行评价。质押农产品在质押期间内的损失大小除受存放环境、气候条件等因素影响外，也受自身类型影响，质地结构稳定的农产品损失数量较少；3PL 工作态度如缺乏积极主动意识，懈怠，不作为等行为也会造成质押物损失的发生。然而，以上原因产生的损失可由 3PL 努力工作得到一定程度的弥补，其越努力工作，损失的弥补额度就越多。

遵循文献[22]~[24]分析思路，假设 3PL 产出为线性函数：

$$w = -Aa + B + D + \varepsilon \ (w \geqslant 0)$$

方程中，变量 w 可理解为质押农产品周期 T 内形成的损失数额，变量 a 代表 3PL 选择的努力水平，为量化这一变量，用工作时间乘以工作强度进行刻画。变量 A 表示 3PL 挽回损失的能力，这里能力具体体现为仓储条件、资源整合、运输条件、风控技术等方面，能力越强，相同努力数量情况下挽回质押农产品损失就越多。同样，越努力工作，能力不变情况下挽回的损失也越多，即 $w' \leqslant 0$。变量 B 意指因农产品自身结构、质地而形成的损失额，农产品类型繁多，不同类型农产品在相同条件下形成的损失数量会有所不同。变量 D 表示 3PL 工作懈怠、不作为、不积极等行为给质押农产品造成的损失数量，如运输方案不佳、监管力度不强、存放位置不当、处理效率较低等。为方便分析，假设变量 B 和 D 为常数；变量 ε 可理解为因外界不确定因素（天气、地震、火灾、市场竞争等）给质押物农产品带来的损失数量，其遵循均值是 0，方差是 σ^2 的正态分布。

结合文献[24][25]，假设银行契约设计形式为：

$$\phi = \omega + \beta[w(0) - w(a)]$$

方程中，变量 ω 表示银行的固定支付数量，$\beta(0 \leqslant \beta \leqslant 1)$ 意指银行的产出效益分享份额。当 $a = 0$ 时，$w(0) - w(a) = 0$，3PL 没有额外收入；当 $a > 0$ 时 $w(0) - w(a) > 0$，3PL 有额外收入。

据以上假设分析，银行期望收益为：

$$\pi_b = R - w - \phi = IrT + (1 - \beta)Aa - B - D - \omega - \varepsilon \tag{1}$$

假设银行为风险中性，则其确定性等价收入为其收益期望值：

$$M = E(\pi_b) = IrT + (1 - \beta)Aa - B - D - \omega \tag{2}$$

假设 3PL 的努力成本为 $C(a) = \dfrac{1}{2}ba^2$，可用货币计量，其中 b 为成本系数，计量单位为支出/（工作时间×工作强度）^{2}，与 3PL 的能力有关，3PL 能力越强，b 值越小。则 3PL 的收益为：

$$\pi_e = \phi - C(a) = \omega + A\beta a - \frac{1}{2}ba^2 \tag{3}$$

假设 3PL 属于风险规避类型，变量 ρ 表示其固定的规避程度，则其确定性等价收入表示如下：

$$V = E(\pi_e) - \frac{1}{2}\rho \operatorname{var}(\pi_e) = \omega + A\beta a - \frac{1}{2}ba^2 - \frac{1}{2}\rho\beta^2\sigma^2 \tag{4}$$

第三节　供应链核心企业未参与和参与下的激励监督机制设计

为分析供应链核心企业未参与和参与两种情况下，银行对第三方物流的激励监督机制设计在模型构建及结果的不同，本书应用金融学和博弈理论等相关知识，参考现有有关激励模型的构建方法，并结合本书的假设和研究问题的特征，分别构建了供应链核心企业未参与和参与下银行对第三方物流的激励监督模型，给出了模型结果。

一、供应链核心企业没参与下的激励机制设计

作为理性 3PL 参与农产品供应链金融业务的必要条件是获得效用高于其保留效用 v^0，否则其会放弃参与，寻找其他机会。3PL 选择努力水平的依据是自身效益最大化，所以银行提供的契约需满足 3PL 这一条件，才能促使其选择有利于银行的努力水平。在同时满足参与约束和激励约束基础上，银行设计恰当的激励契约以最大化自身收益。基于此，委托代理模型构建如下：

$$\max_{\beta,\omega} M = E(\pi_b) \tag{5}$$

$$s.t. IC : V \geqq v^0 \tag{6}$$

$$IR : a \in \arg\max V = E(\pi_e) - \frac{1}{2}\rho \operatorname{var}(\pi_e) \tag{7}$$

对激励相容约束 IR 求努力水平 a 一阶导数可得

$$a^* = \frac{A\beta}{b} \tag{8}$$

在均衡条件下，参与约束 IC 等号成立，即

$$\omega + A\beta a - \frac{1}{2}ba^2 - \frac{1}{2}\rho\beta^2\sigma^2 = v^0$$

由此可得

$$\omega = v^0 - A\beta a + \frac{1}{2}ba^2 + \frac{1}{2}\rho\beta^2\sigma^2 \tag{9}$$

把 ω 和 a 代入目标函数 $M = IrT + (1-\beta)Aa - B - D - \omega$ 可得

$$\max_{\beta}\left[IrT + \frac{A^2\beta}{b} - \frac{A^2\beta^2}{2b} - \frac{1}{2}\rho\beta^2\sigma^2 - B - D - v^0 \right]$$

对上式求 β 一阶导数，并令其等于零，由此得银行最佳激励系数为：

$$\beta^* = \frac{A^2}{A^2 + b\rho\sigma^2} \tag{10}$$

把（8）式和（10）式代入（9）式得最优固定报酬为：

$$\omega^* = v^0 + \frac{b\rho\sigma^2 A^4 - A^6}{2b(A^2 + b\rho\sigma^2)^2} \tag{11}$$

把（8）、（10）和（11）式代入目标函数得到银行的最大收益为：

$$M_b^* = IrT + \frac{A^4}{2b(A^2 + b\rho\sigma^2)} - B - D - v^0 \tag{12}$$

由式（8）可知，3PL 努力水平与其自身能力正相关，即 3PL 能力越强，3PL 越努力工作，与其成本系数，外界不确定因素负相关。由式（10）易知，银行提供的效益分享份额与 3PL 的能力呈正相关关系，换言之，能力强的 3PL 更受银行青睐；而风险规避型则不受银行欢迎，体现在报酬上就越少。对于外界不确定因素多的 3PL，银行也不喜欢，所以提供的激励系数就少。分析式（11）可知，银行固定支付除受 3PL 的保留效用影响外，也受其能力、风险规避程度及外界不确定因素的影响。

二、供应链核心企业参与下的机制设计

由前文分析易知，随着全球经济一体化的加速推进及社会分工的细化，竞争不再局限在企业与企业之间，而是扩延至整个供应链与另一个或几个供应链之间。供应链竞争能力强弱的关键环节是核心企业，它们往往起着主导和引领作用，同时也享有大多数收益，但收益能否实现受到链条中上下游中小企业生产经营能否顺利开展的影响，所以核心企业辅助上下游中小企业克服困难变得必要且有意义。中小企业开展农产品质押融资业务中，因中小企业自身局限和农产品慢速变质等特征，致使银行在没有第三方提供辅助或担保的情况下不愿开展该业务，所以核心企业参与和银行一起对 3PL 进行激励无疑会提高其开展业务的积极性[①]，

---

① 供应链核心企业愿意与银行一起激励和监督物流企业这一结论，本书未从定量角度推究（这也是本书进一步研究的方向），而是从定性角度分析得出。供应链涉农企业往往处于弱势地位，本就资金困难的它们拿不出资金去激励和监督物流企业，而涉农企业的状态会影响整个链条，包括核心企业。所以在融资过程中，供应链核心企业有动机促使 3PL 努力工作保管好质押农产品，以保障涉农企业生产经营的顺利进行。

间接帮助中小企业克服融资困境。根据供应链核心企业参与方式不同，本书从两方面进行了研究：供应链核心企业协助银行激励，供应链核心企业与银行合作激励。

假设银行支付给 3PL 的报酬为：$\phi_1 = \omega_1 + \beta_1[w(0) - w(a)]$，供应链核心企业支付的报酬为：$\phi_2 = \omega_2 + \beta_2[w(0) - w(a)]$，其中 ω_1 表示银行提供的固定支付，ω_2 则为核心企业的固定支付，$\beta_1(0 \leqslant \beta_1 \leqslant 1)$ 表示银行提供的变动支付，$\beta_2(0 \leqslant \beta_2 \leqslant 1)$ 为核心企业提供的变动支付。

由以上假设和分析可知 3PL 的收益为：

$$\pi_e' = \phi_1 + \phi_2 - C(a) = \omega_1 + \omega_2 + A(\beta_1 + \beta_2)a - \frac{1}{2}ba^2 \tag{13}$$

因假设 3PL 为风险规避型，故其确定性等价收入为：

$$V' = E(\pi_e') - \frac{1}{2}\rho\,\mathrm{var}(\pi_e') = \omega_1 + \omega_2 + A(\beta_1 + \beta_2)a - \frac{1}{2}ba^2 - \frac{1}{2}\rho(\beta_1 + \beta_2)^2\sigma^2 \tag{14}$$

1. 供应链核心企业协助银行进行激励

协助是指银行与供应链核心企业协商、谈判，让其分担部分支付。目前，业务操作过程中，银行处于主导地位，其谈判能力明显优于供应链核心企业；其次，前文已分析，质押物对涉农中小企业的生产经营有较大影响，质押农产品的保存状况会影响涉农企业的生产经营，进而影响供应链核心企业。基于以上原因，供应链核心企业分担银行部分支付的基础是存在的。由以上分析可知，银行的收益为：

$$\pi_b' = R - w - \phi = IrT + (1 - \beta_1)Aa - B - D - \omega_1 - \varepsilon \tag{15}$$

因银行为风险中性，故其确定性等价收入等于其期望收益。

$$M' = E(\pi_b') = IrT + (1 - \beta_1)Aa - B - D - \omega_1 \tag{16}$$

此时，银行选择最优的激励系数 β_1 和最佳固定支付 ω_1 以最大化自己的收益，由此建立如下模型：

$$\max_{\beta_1,\omega_1} M' = E(\pi_b') \tag{17}$$

$$\mathrm{s.t.}\ IC : V' \geqslant v^0 \tag{18}$$

$$IR: a \in \arg\max V' = E(\pi'_e) - \frac{1}{2}\rho \operatorname{var}(\pi'_e) \qquad (19)$$

通过求解模型得 3PL 最优努力水平、银行最优激励系数、固定报酬及最大收益分别为：

$$\overline{a^*} = \frac{A^3}{b(A^2 + b\rho\sigma^2)}(1 + \beta_2) \qquad (20)$$

$$\overline{\beta_1^*} = \frac{A^2}{A^2 + b\rho\sigma^2} - \frac{b\rho\sigma^2}{A^2 + b\rho\sigma^2}\beta_2 \qquad (21)$$

$$\overline{\omega_1^*} = v^0 - \omega_2 + (1 + \beta_2)^2 \frac{A^4(b\rho\sigma^2 - A^2)}{2b(A^2 + b\rho\sigma^2)^2} \qquad (22)$$

$$\overline{M_b^*} = IrT + \frac{A^4(1 + \beta_2)^2}{2b(A^2 + b\rho\sigma^2)} - B - D - v^0 + \omega_2 \qquad (23)$$

从式（20）～式（24）可知，3PL 努力水平、银行激励系数、固定支付及银行收益，除与 3PL 的能力、成本系数、风险规避程度及外界不确定因素有关外，也与供应链核心企业的激励系数相关。供应链核心企业给予的变动报酬越多，3PL 努力水平增加就越多，银行给予的变动报酬就越少，但固定报酬越多。尽管支付的固定报酬增加，但银行收益增加，即固定报酬增加小于变动报酬减少。此外，银行收益也随供应链核心企业支付固定报酬的增加而增加。

2. 供应链核心企业和银行合作激励

合作是指双方在选择行动策略时以集体利益为目标（以银行和核心企业共同支付最小为目标），即当供应链核心企业和银行合作一起对 3PL 进行激励时，目标函数不再是银行个人的支付，而是双方总的支付水平。银行和供应链核心企业支付给 3PL 总的报酬为 $\phi = \phi_1 + \phi_2 = (\omega_1 + \omega_2) + (\beta_1 + \beta_2)[w(0) - w(a)]$，质押农产品的损失为 $w = -Aa + B + D + \varepsilon(w \geq 0)$，银行和供应链核心企业总支付为 $\pi_t = \phi + w = (\beta_1 + \beta_2 - 1)Aa + \omega_1 + \omega_2 + D + B + \varepsilon$。假设银行和供应链核心企业都为风险中性，则易知它们的确定性等价支付为其支付的期望值，即 $M'' = E(\pi_t) = (\beta_1 + \beta_2 - 1)Aa + \omega_1 + \omega_2 + D + B$。此时银行和供应链核心企业将选择最优的激励系数 $\beta(\beta = \beta_1 + \beta_2)$ 和

固定支付 $\omega(\omega = \omega_1 + \omega_2)$ 以最小化其共同损失[①]。

$$\min_{(\beta_1 + \beta_2),(\omega_1 + \omega_2)} M'' = E(\pi_t) \tag{24}$$

$$\text{s.t. } IC: V' \geqslant v^0 \tag{25}$$

$$IR: a \in \arg\max V' = E(\pi'_e) - \frac{1}{2}\rho \operatorname{var}(\pi'_e) \tag{26}$$

通过求解得 3PL 最佳努力水平，银行及供应链核心企业最佳激励系数和最优固定报酬分别为：

$$\overline{u^{**}} = \frac{A^3}{b(A^2 + b\rho\sigma^2)} \tag{27}$$

$$\beta - \beta_1 + \beta_2 = \frac{A^2}{A^2 + b\rho\sigma^2} \tag{28}$$

$$\omega = \omega_1 + \omega_2 = v^0 + \frac{A^4(b\rho\sigma^2 - A^2)}{2b(A^2 + b\rho\sigma^2)^2} \tag{29}$$

由式（27）~ 式（29）易得银行最佳激励系数和固定报酬分别为：

$$\overline{\beta_1^{**}} = \frac{A^2}{A^2 + b\rho\sigma^2} - \beta_2 \tag{30}$$

$$\overline{\omega_1^{**}} = v^0 - \omega_2 + \frac{A^4(b\rho\sigma^2 - A^2)}{2b(A^2 + b\rho\sigma^2)^2} \tag{31}$$

把 3PL 最佳努力水平、银行最佳激励及固定支付代入银行收益函数易得其最大收益为：

$$\overline{M_b^{**}} = IrT + \frac{A^4(1 + 2\beta_2)}{2b(A^2 + b\rho\sigma^2)} - B - D - v^0 + \omega_2 \tag{32}$$

---

① 目标函数不是银行的期望利润函数，而是银行和供应链核心企业双方的最小损失。因为在合作方式下，供应链核心企业承担部分支付的同时，也要分享由支付所带来的质押农产品损失减少收益。不过目标函数的不同并不影响本书的结论，因为本书的目的是比较两种参与方式下 3PL 的努力水平、银行支付报酬大小及银行收益状况，进而得出哪种方式更好。银行期望利润通过 $\Pi_b = IrT + (1 - \beta_1)Aa - \omega_1 - D - B$ 求得。若银行收益最大，则需要银行支付和质押物损失最小。通过该模型可求得银行的最优激励系数和固定支付，所以可间接得到银行的最大收益。

由式（27）、式（30）~式（32）易知，相较于未参与情况，核心企业与银行合作参与情况下的 3PL 努力水平没有变化，但银行激励系数、支付的固定报酬及收益则随供应链核心企业激励系数或固定报酬的变化而变化。

三、供应链核心企业参与激励监督下的机制设计

假设银行和核心企业采取激励和监督相结合的举措，以进一步促使 3PL 在工作中投入更多努力数量，挽回更多质押物农产品损失额度。此时，3PL 的产出系数受到能力系数 A 和银行及核心企业监督力度共同影响，监督内容不仅包括 3PL 是否偷懒，也包括质押农产品存放是否得当、仓储条件是否达标、质押农产品数量变动是否及时记录、质押农产品价格波动是否实时监控等。这种监督会促使 3PL 提升监控能力，更多弥补质押农产品损失。结合前文分析，此时 3PL 产出函数表示为 $w = -\leqslant [A + \kappa(x_1) + \psi(x_2)]a + B + D + \varepsilon\ (w \geqslant 0)$，其中变量 x_1 为银行的监督力度，变量 x_2 核心企业的监督力度，$\kappa(x_1)$ 和 $\psi(x_2)$ 表示 3PL 的产出系数，分别为 x_1 和 x_2 的函数，$\kappa(x_1)$ 和 $\psi(x_2)$ 变化遵循边际报酬递减规律，其他变量含义与前文所述相同。银行与核心企业因监督而发生的成本分别表达为 $C_1(x_1)$ 和 $C_2(x_2)$[①]，且满足 $C_1'(x_1) \geqslant 0$，$C_1''(x_1) \geqslant 0$，$C_2'(x_2) \geqslant 0$，$C_2''(x_2) \geqslant 0$。

由以上假设和分析可知，供应链核心企业参与激励和监督下 3PL 的收益为：

$$\bar{\pi}_e' = \phi_1 + \phi_2 - C(a) = \omega_1 + \omega_2 + A(\beta_1 + \beta_2)a - \frac{1}{2}ba^2 \quad （33）$$

因假设 3PL 为风险规避型，故其确定性等价收入为：

$$\bar{V}' = E\left(\bar{\pi}_e'\right) - \frac{1}{2}\rho\,\mathrm{var}\left(\bar{\pi}_e'\right) = \omega_1 + \omega_2 + A(\beta_1 + \beta_2)a - \frac{1}{2}ba^2 - \frac{1}{2}\rho\beta^2\sigma^2 \quad （34）$$

下文从两方面进行讨论：供应链核心企业协助银行激励监督，供应链核心企业与银行合作激励监督。

---

① 在模型中，本书没有给出监督成本函数 $C_1(x_1)$ 和 $C_2(x_2)$ 的具体形式，但这并不影响结论。

1. 供应链核心企业协助银行激励监督

当供应链核心企业在协助银行激励基础上协助监督时，银行收益为：

$$\pi_b' = R - w - \phi = IrT + (1-\beta_1)\big[A + \kappa(x_1) + \psi(x_2)\big]a - B - D - \omega_1 - C_1(x_1) - \varepsilon$$

（35）

因银行为风险中性，故其确定性等价收入等于其期望收益，即：

$$\bar{M}' = E\left(\bar{\pi}_b'\right) = IrT + (1-\beta_1)\big[A + \kappa(x_1) + \psi(x_2)\big]a - B - D - \omega_1 - C_1(x_1)$$ （36）

此时，银行的最优问题是选择最佳的激励系数 β_1 和固定支付 ω_1 以最大化自己的受益：

$$\max_{\beta_1, \omega_1} \bar{M}' - L\left(\bar{u}_b'\right)$$

（37）

$$s.t. IC : \bar{V}' \geqslant v^0$$

（38）

$$IR : a \in \arg\max \bar{V}' = E\left(\bar{\pi}_e'\right) - \frac{1}{2}\rho \operatorname{var}\left(\bar{\pi}_e'\right)$$

（39）

通过求解得 3PL 最佳努力水平，银行最优激励系数、固定支付及收益：

$$\hat{a}_1^* = \frac{[A + \kappa(x_1) + \psi(x_2)]^3}{b\big[(A + \kappa(x_1) + \psi(x_2))^2 + b\rho\sigma^2\big]}(1 + \beta_2)$$

（40）

$$\hat{\beta}_1^* = \frac{[A + \kappa(x_1) + \psi(x_2)]^2}{[A + \kappa(x_1) + \psi(x_2)]^2 + b\rho\sigma^2} - \beta_2 \frac{b\rho\sigma^2}{[A + \kappa(x_1) + \psi(x_2)]^2 + b\rho\sigma^2}$$

（41）

$$\hat{\omega}_1^* = v^0 - \omega_2 + (1 + \beta_2)^2 \frac{[A + \kappa(x_1) + \psi(x_2)]^4[b\rho\sigma^2 - (A + \kappa(x_1) + \psi(x_2))^2]}{2b[(A + \kappa(x_1) + \psi(x_2))^2 + b\rho\sigma^2]^2}$$

（42）

$$\hat{M}_b^* = IrT + \frac{[A + \kappa(x_1) + \psi(x_2)]^4(1 + \beta_2)^2}{2b[(A + \kappa(x_1) + \psi(x_2))^2 + b\rho\sigma^2]} - B - D - v^0 + \omega_2 - C_1(x_1)$$

（43）

由式（40）～式（43）可知，供应链核心企业协助激励的基础上协助监督时，3PL 的努力水平、银行变动支付、固定支付及收益除受供应链核心企业支付水平影响外，也受银行和供应链核心企业监督力度有关。随着银行和供应链核心企业监督力度增强，3PL 的努力水平提高、银行激励系数增加。而银行收益是否增加，不仅取决于供应链核心企业的激励系数和支付的固定报酬等因素，也取决于银行监督成本的大小。当收益增加额大于监督成本时，银行收益增加，故银行应选择合适的监督方法及监督力度，以控制监督成本，从而增加银行收益。

2. 供应链核心企业与银行合作激励监督

供应链核心企业与银行在合作激励基础上合作监督时，分析过程同前文，此时银行与供应链核心企业的共同支付为：

$$\bar{\pi}_t' = \phi + w + C(x) = (\beta_1 + \beta_2 - 1)[A + \kappa(x_1) + \psi(x_2)]a + \omega_1 + \omega_2 + D + B + C_1(x_1) + C_2(x_2) + \varepsilon$$

前文已假设银行和供应链核心企业为风险中型，由此易知其确定性等价支付为：

$$\bar{M}'' = E\left(\bar{\pi}_t'\right) = (\beta_1 + \beta_2 - 1)[A + \kappa(x_1) + \psi(x_2)]a + \omega_1 + \omega_2 + D + B + C_1(x_1) + C_2(x_2) \tag{44}$$

银行和供应链核心企业优化问题为选择恰当的激励系数 $\beta(\beta = \beta_1 + \beta_2)$ 和最佳固定支付 $\omega(\omega = \omega_1 + \omega_2)$ 以最小化损失。[1]

$$\min_{\beta(\beta_1+\beta_2), \omega(\omega_1+\omega_2)} \bar{M}'' = E\left(\bar{\pi}_t'\right) \tag{45}$$

$$s.t. IC : \bar{V}' \geq v^0 \tag{46}$$

$$IR : a \in \arg\max \bar{V}' = E\left(\bar{\pi}_e'\right) - \frac{1}{2}\rho \operatorname{var}\left(\bar{\pi}_e'\right) \tag{47}$$

求解模型得 3PL 最佳努力水平，银行和供应链核心企业最佳激励系数和固定支付为：

$$\hat{a}_1^{**} = \frac{[A + \kappa(x_1) + \psi(x_2)]^3}{b[(A + \kappa(x_1) + \psi(x_2))^2 + b\rho\sigma^2]} \tag{48}$$

---

[1] 模型中，目标函数不是银行期望利润，分析与注释同前。

$$\beta = \beta_1 + \beta_2 = \frac{[A + \kappa(x_1) + \psi(x_2)]^2}{[A + \kappa(x_1) + \psi(x_2)]^2 + b\rho\sigma^2} \quad (49)$$

$$\omega = \omega_1 + \omega_2$$
$$= v^0 + \frac{[A + \kappa(x_1) + \psi(x_2)]^4 [b\rho\sigma^2 - (A + \kappa(x_1) + \psi(x_2))^2]}{2b[(A + \kappa(x_1) + \psi(x_2))^2 + b\rho\sigma^2]^2} \quad (50)$$

从以上结果可知银行最佳激励系数和固定支付为：

$$\hat{\beta_1}^* = \frac{[A + \kappa(x_1) + \psi(x_2)]^2}{[A + \kappa(x_1) + \psi(x_2)]^2 + b\rho\sigma^2} - \beta_2 \quad (51)$$

$$\hat{\omega_1}^* = v^0 - \omega_2 +$$
$$(1 + \beta_2)^2 \frac{[A + \kappa(x_1) + \psi(x_2)]^a \{b\rho\sigma^2 - [A + \kappa(x_1) + \psi(x_2)]^2\}}{2b\{[A + \kappa(x_1) + \psi(x_2)]^2 + b\rho\sigma^2\}^2}$$

$$(52)$$

把 3PL 最佳努力水平、银行最佳激励系数及固定支付代入银行收益函数得其最大收益为：

$$\hat{M_b}^{**} = IrT + \frac{[A + \kappa(x_1) + \psi(x_2)]^4 (1 + 2\beta_2)^2}{2b\{[A + \kappa(x_1) + \psi(x_2)]^2 + b\rho\sigma^2\}} -$$
$$B - D - v^0 + \omega_2 - C_1(x_1) \quad (53)$$

由式（48）、式（51）~ 式（53）可知，供应链核心企业与银行在合作激励基础上合作监督时，3PL 的努力水平、银行变动支付、固定支付及收益除受供应链核心企业支付水平影响外，也与银行和供应链核心企业监督力度有关。

第四节　模型结果分析

为方便分析，以上几种情况的最优解，被列举在表 6.1 中，由于篇幅限制，特用字母指代相关表达式，替代情况如下。

$$B = \frac{[A + \kappa(x_1) + \psi(x_2)]^2}{[A + \kappa(x_1) + \psi(x_2)]^2 + b\rho\sigma^2}$$

$$C = \frac{A^4(b\rho\sigma^2 - A^2)}{2b(A^2 + b\rho\sigma^2)^2}$$

$$D = \frac{[A + \kappa(x_1) + \psi(x_2)]^4 \{b\rho\sigma^2 - [A + \kappa(x_1) + \psi(x_2)]^2\}}{2b\{[A + \kappa(x_1) + \psi(x_2)]^2 + b\rho\sigma^2\}^2}$$

$$F = IrT - B - D - v^0, \quad G = \frac{A^4}{2b(A^2 + b\rho\sigma^2)},$$

$$H = \frac{[A + \kappa(x_1) + \psi(x_2)]^4}{2b\{[A + \kappa(x_1) + \psi(x_2)]^2 + b\rho\sigma^2\}}$$

式中，$\overset{\wedge}{a_1^{**}} \geqslant a_1^*$，$B \geqslant \beta^*$，$H \geqslant G$，$D \geqslant C$。

表 6.1　不同情况下 a、β、ω、$E\Pi$ 的最优解

	未参与	参　与			
		协助激励	合作激励	协助激励监督	合作激励监督
a	a^*	$a^*(1+\beta_2)$	a^*	$\overset{\wedge}{a_1^{**}}(1+\beta_2)$	$\overset{\wedge}{a_1^{**}}$
β	β^*	$\beta^* - (1-\beta^*)\beta_2$	$\beta^* - \beta_2$	$B - (1-B)\beta_2$	$B - \beta_2$
ω	$v^0 + C$	$v^0 + C(1+\beta_2)^2 - \omega_2$	$v^0 + C - \omega_2$	$v^0 + D(1+\beta_2)^2 - \omega_2$	$v^0 + D - \omega_2$
M_b	$F + G$	$F + G(1+\beta_2)^2 + \omega_2$	$F + G(1+2\beta_2) + \omega_2$	$F + H(1+\beta_2)^2 + \omega_2 - C_1(x_1)$	$F + H(1+2\beta_2) + \omega_2 - C_1(x_1)$

　　从表 6.1 的结果可以看出，与未参与激励相比，核心企业参与激励时 3PL 的努力水平不会降低，银行变动支付减少，银行收益增加；而参与激励监督时，3PL 的努力水平提高，银行变动支付减少，银行收益是否增加还要取决于监督成本大小。这一结论有助于提高银行开展农产品供应链金融业务的积极性，也为其采取何种激励监督方式提供了决策参考。

　　供应链核心企业参与激励时，若选择与银行合作方式，3PL 的努力

水平不变，但银行激励系数和固定报酬减少，且银行收益增加，银行支付减少数额及收益增加数量取决于核心企业分担的数额，即核心企业给予固定及激励支付越多，银行支付就越少，收益增加就越多。若选择协助方式，3PL 努力数量增加，为核心企业未参与时的 $(1+\beta_2)$ 倍，即核心企业激励系数越大，3PL 增加的努力就越多，并且银行激励系数和固定报酬减少，银行收益增加。相较于合作参与方式，协助方式使 3PL 努力数量和银行收益增加更多。因为在协助参与方式中，核心企业仅分担银行支付，没有分享由 3PL 努力所带来的收益，即收益由银行独自享有，而合作参与方式中，核心企业在承担支出的同时，也在分享收益。这一结果为银行积极促进核心企业参与其中并选择何种参与方式提供了理论借鉴。

银行和核心企业在激励基础上监督时，不论核心企业选择何种参与方式都会提高 3PL 的努力水平，这与实际情况较吻合：监督会促使代理人减少悖德行为，但监督也会增加银行变动支付和固定支付。至于银行收益能否增加，除考虑核心企业的承担数额外，还要看监督成本大小。若监督成本小于监督带来的收益，则银行收益增加，否则，收益减少。与核心企业在合作基础上再与银行合作监督方式比较，核心企业在协助基础上协助银行监督方式更能提高 3PL 努力水平和增加银行收益。也就是说，银行选择后一种参与方式更为有利。相较仅采取激励方式，激励加监督方式下，银行收益是否增加，也受监督成本的影响，若监督成本足够小，激励加监督方式会给银行带来更多收益，因此银行通过现代网络技术采用方式灵活、技术水平较高的监督方式，便可实现降低监督成本和增加收益的目的。

综上可知，在供应链核心企业参与情况下，3PL 努力水平未降低，但银行支付减少，且收益可能增加，这无疑对提高银行开展存货质押融资业务的积极性具有促进作用。

第五节　算　例

为阐释本书结果的现实操作性和 3PL 努力水平、银行激励系数及固定支付随相关参数的变化规律，给出相应的数值算例。借鉴文献[29][30]的处理方法，假设银行和供应链核心企业监督的系数函数分别为 $\kappa(x_1) = x_1^{\frac{1}{2}}$，$\psi(x_2) = x_2^{\frac{1}{3}}$，监督成本为 $C_1(x_1) = \frac{1}{16}x_1^2$（监督系数函数及成本函数的假定源自相关文献及一般推理，并未通过科学实验研究及实证研究，这是本书需进一步研究的方向）。

假设涉农中小企业用某类型的农产品进行质押融资，该质押农产品在周期内的自然损失均值为 150，即 $B=150$，获得银行贷款额度为 $I=10\,000$，贷款年利率 $r=7.25\%$（单利），贷款期限 $T=1$，即一年，$D=200$。任意选择一组符合各条件的参数数据 $x_1=36$，$x_2=27$，$A=10$，$\rho=4$，$b=0.2$，$v^0=80$，ξ 服从 $N(0,\,900)$ 的正态分布（在有效集合内，赋予参数的数值不同，决策变量的结果不同，但不会对研究结论产生影响）。

一、供应链核心企业没参与情况下的变量结果

供应链核心企业不参与激励和监督情况下，各决策变量计算结果如下：

$$a^* = 6.100 \qquad \beta^* = 0.122 \qquad \omega^* = 91.526 \qquad M_b^* = 325.488$$

二、供应链核心企业参与激励情况下的变量结果

1. 供应链核心企业协助银行参与激励

核心企业协助银行参与激励情况下，各决策变量计算结果及随核心企业支付变化情况如表 6.2 所示。

$$\overline{a^*} = 6.100(1+\beta_2)$$

$$\overline{\beta_1^*} = 0.122 - 0.878\beta_2$$

$$\overline{\omega_1^*} = 80 + 11.526(1+\beta_2)^2 - \omega_2$$

$$\overline{M_b^*} = 295 + 30.488(1+\beta_2)^2 + \omega_2$$

表 6.2 a、β_1、ω_1、和 $E\Pi$ 随供应链核心企业支付报酬变化而变化情况

	$\beta_2 = 0$ $\omega_2 = 0$	$\beta_2 = 0.012$ $\omega_2 = 11.526$	$\beta_2 = 0.042$ $\omega_2 = 21.526$	$\beta_2 = 0.072$ $\omega_2 = 51.526$	$\beta_2 = 0.092$ $\omega_2 = 71.526$	$\beta_2 = 0.122$ $\omega_2 = 91.526$
a	6.100	6.173	6.356	6.539	6.661	6.844
β_1	0.122	0.111	0.085	0.059	0.041	0.015
ω_1	91.526	80.278	70.989	41.719	22.218	2.984
M_b	325.488	337.750	349.629	381.562	402.882	424.907

从表 6.2 结果可以看出，在供应链核心企业协助银行参与激励情况下，3PL 最佳努力水平及银行最佳收益随供应链核心企业支付水平的增加而增加。银行激励系数和固定报酬则随供应链核心企业支付水平增加而减少。

2. 供应链核心企业与银行合作激励

核心企业与银行合作激励情况下，各决策变量计算结果及随核心企业支付变化情况如表 6.3 所示。

$$\overline{a^{**}} = 6.100 \quad \overline{\beta_1^{**}} = 0.122 - \beta_2$$

$$\overline{\omega_1^{**}} = 91.526 - \omega_2 \quad \overline{M_b^{**}} = 295 + 30.488(1 + 2\beta_2) + \omega_2$$

表 6.3 a、β_1、ω_1 和 $E\Pi$ 随供应链核心企业支付报酬变化情况

	$\beta_2 = 0$ $\omega_2 = 0$	$\beta_2 = 0.012$ $\omega_2 = 11.526$	$\beta_2 = 0.042$ $\omega_2 = 21.526$	$\beta_2 = 0.072$ $\omega_2 = 51.526$	$\beta_2 = 0.092$ $\omega_2 = 71.526$	$\beta_2 = 0.122$ $\omega_2 = 91.526$
a	6.100	6.100	6.100	6.100	6.100	6.100
β_1	0.122	0.110	0.080	0.050	0.030	0
ω_1	91.526	80.000	70.000	40.000	20.000	0.000
M_b	325.488	337.746	349.575	381.404	402.624	424.453

由表 6.3 结果易知，在核心企业与银行合作激励情况下，3PL 努力水平没有变化，但银行收益随核心企业支付水平增加而增加，但增幅小于

核心企业协助激励情况下的银行收益增加额。

三、供应链核心企业参与激励监督情况下的变量结果

1. 供应链核心企业协助银行激励监督

核心企业协助银行激励基础再协助监督的情况下，各决策变量计算结果及随核心企业支付变化情况如表 6.4 所示。

$$\hat{a}_1^* = 31.635(1+\beta_2)$$

$$\hat{\beta}_1^* = 0.333 - 0.667\beta_2$$

$$\hat{\omega}_1^* = 80 + 100.092(1+\beta_2)^2 - \omega_2$$

$$\hat{M}_b^* = 214 + 150.695(1+\beta_2)^2 + \omega_2$$

表 6.4 a、β_1、ω_1 和 $E\Pi$ 随供应链核心企业支付报酬变化情况

	$\beta_2=0$ $\omega_2=0$	$\beta_2=0.012$ $\omega_2=11.526$	$\beta_2=0.042$ $\omega_2=21.526$	$\beta_2=0.072$ $\omega_2=51.526$	$\beta_2=0.092$ $\omega_2=71.526$	$\beta_2=0.122$ $\omega_2=91.526$
a	31.635	32.015	32.963	33.913	34.545	35.494
β_1	0.333	0.325	0.305	0.285	0.272	0.252
ω_1	180.092	170.983	167.150	143.498	127.830	114.478
M_b	364.695	379.859	399.145	438.702	465.224	495.234

从表 6.4 结果可知，核心企业协助银行参与监督情况下，3PL 努力水平明显增加，且随核心企业支付水平增加而增加，银行收益也增加。说明银行监督收益大于监督成本，这种监督对银行来说是有利且必要的。

2. 供应链核心企业与银行合作激励监督

核心企业与银行合作激励基础上再合作监督情况下，各决策变量计算结果及随核心企业支付变化情况如表 6.5 所示。

$$\hat{a}^{**} = 31.635$$

$$\hat{\beta}_1^{**} = 0.333 - \beta_2$$

$$\hat{\omega}_1^{**} = 180.092 - \omega_2$$

$$\hat{M}_b^{**} = 214 + 150.695(1 + 2\beta_2) + \omega_2$$

表 6.5　a、β_1、ω_1 和 $E\Pi$ 随供应链核心企业支付报酬变化情况

	$\beta_2 = 0$ $\omega_2 = 0$	$\beta_2 = 0.012$ $\omega_2 = 11.526$	$\beta_2 = 0.042$ $\omega_2 = 21.526$	$\beta_2 = 0.072$ $\omega_2 = 51.526$	$\beta_2 = 0.092$ $\omega_2 = 71.526$	$\beta_2 = 0.122$ $\omega_2 = 91.526$
a	31.635	31.635	31.635	31.635	31.635	31.635
β_1	0.333	0.321	0.291	0.261	0.241	0.211
ω_1	180.092	168.466	158.466	128.466	108.466	88.466
M_b	369.695	379.838	398.879	437.921	463.949	492.991

由表 6.5 结果可知，供应链核心企业与银行合作激励基础上再合作监督情况下，3PL 努力水平不随供应链核心企业支付水平变化而改变，但明显高于供应链核心企业与银行没有进行监督情况下 3PL 的努力水平；银行收益随供应链核心企业支付水平的增加而增加，但增速小于供应链核心企业协助银行激励基础再协助监督情况下的增速。

为方便分析各决策变量随核心企业支付水平的变化情况，本书把以上各表的结果用图 6.2 ~ 6.5 呈现出来。

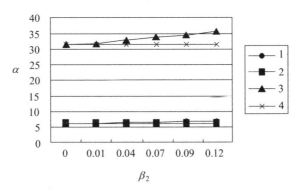

图 6.2　供应链核心企业参与情况下 3PL 努力水平变化

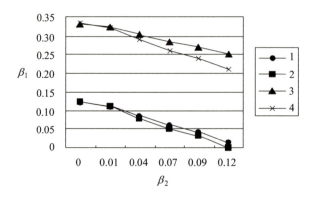

图 6.3　供应链核心企业参与情况下银行激励系数变化

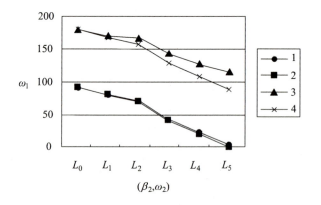

图 6.4　银行固定报酬随供应链核心企业支付报酬的变化

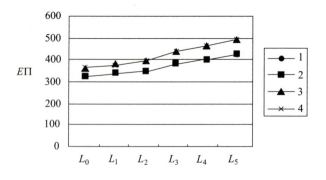

图 6.5　银行收益随供应链核心企业支付报酬的变化

注：图 6.2～6.5 中曲线 1、2、3 和 4 分别表示核心企业协助银行参与

激励、与银行合作激励、协助银行激励基础上协助监督及与银行合作激励基础上合作监督情况。图 6.3 中，β_1 与 β_2 实为线性关系，因图中横坐标为表 6.2 至表 6.5 中 β_2 的近似值，故未呈现直线关系，但这对本书结论没有影响；图 6.4 和图 6.5 横坐标 $L_i(i=0,1,\cdots,5)$ 表示表 6.2 至表 6.5 中 (β_2,ω_2) 的取值。

　　从图 6.2 可看出，当银行和核心企业在激励基础上进行监督时，3PL 的最佳努力水平显著提高，这说明在开展农产品质押融资业务中，银行给予 3PL 适当的监督是必要的，它可有效减少其悖德行为。在两种参与方式中，协助方式使 3PL 努力水平提高更快。图 6.3 显示银行激励系数随核心企业激励系数的变化情况，当核心企业提供的变动报酬为 0 时，换言之，核心企业没有分担给予 3PL 的变动报酬，此时，银行提供的变动报酬最多。一旦核心企业参与激励，银行会减少对 3PL 的支付，并且核心企业给予 3PL 的报酬越多，银行支付得越少。至于银行和核心企业各自承担多少支付，则主要取决于双方的讨价还价能力及涉农中小企业与核心企业的关系和对其绩效的影响程度。若涉农中小企业对核心企业的关系密切且对其绩效影响较大，那么银行可以要求核心企业承担较多的支付；否则，应承担较少的支付。从图 6.3 中还可看到，合作参与方式使银行激励系数减少更快。至于银行固定报酬的变化，如图 6.4 所示，银行固定支付会随核心企业的增加而减少。银行与核心企业一起激励 3PL 时，核心企业不论选择哪种参与方式，都会增加银行收益，且核心企业承担的支付越多，银行增加的收益就越多，这对提高银行开展该业务的积极性有着正面影响。银行与核心企业在激励基础上进行监督时，银行收益是否增加则取决于收益增加额与监督成本增加额间的大小关系，收益增加额大于监督成本增加额时，银行收益增加，如图 6.5 所示，否则银行收益减少。

　　为深入考察在监督情况下，各决策变量随银行监督系数 $\kappa(x_1)$ 变化情况，本书选取监督力度 (x_1,x_2) 十一组数据进行检验。其中，假定供应链核心企业提供的固定支付（$\omega_2=21.526$）、变动支付（$\beta_2=0.042$）及监督力度（$x_2=27$）固定，计算结果如图 6.6 ~ 6.9 所示。

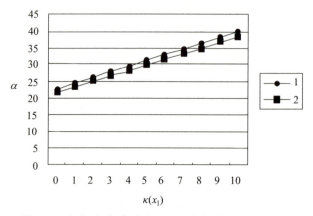

图 6.6　银行监督力度与 3PL 的努力水平关系图

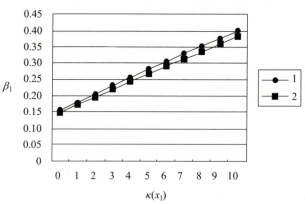

图 6.7　银行监督力度与银行激励系数关系图

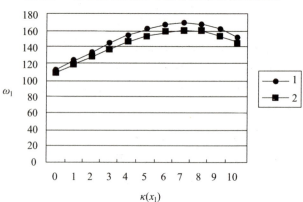

图 6.8　银行监督力度与银行固定支付关系图

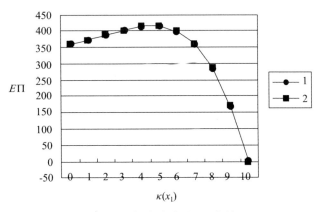

图 6.9　银行监督力度与银行收益关系图

注：监督力度为 0 时，表示银行没有对 3PL 进行监督；图中曲线 6.6
和 6.7 分别表示供应链核心企业协助银行监督和供应链核心企业
与银行合作监督情况；本书选取 11 组监督力度值（x_1，x_2）依
次为（0，27）、（1，27）、（4，27）、（9，27）、（16，27）、（25，
27）、（36，27）、（49，27）、（64，27）、（81，27）和（100，27）。

由图 6.6 可知，在激励基础上进行监督可提高 3PL 的努力水平，且
监督力度越强，3PL 越努力工作。当监督强度增加时，银行支付给 3PL
的变动报酬增加，即银行则要拿出更多的比例分给 3PL。因为银行增强
监督力度，3PL 提高努力水平，质押农产品损失数量减少，此时银行提
供更多奖励容易理解。银行固定支付随银行监督力度变化轨迹呈"∩"状，
即先增加后减少。原因可能是监督力度的增强会导致监督成本迅速增加，
加之银行提供的激励系数此时也是增加的，为保障自身利益，银行此时
降低固定支付额度则不难理解。图 6.9 揭示了银行收益随其监督力度的变
化情况，从曲线的变化易知，银行收益先增加后迅速减少，甚至为负值。
因为监督力度增强，监督成本快速增加，导致银行收益相应减少。至于
银行会选择什么样的监督水平，则主要取决于收益增加额与监督成本增
加额间的大小关系。若银行收益增加，则可继续加强监督，直至收益增
加额为 0。就本例而言，银行最佳的监督力度 x_1 位于 25 和 36 之间，即
$\kappa(x_1) \in [5,6]$。

【本章小结】

农产品供应链金融是供应链金融应用范围的进一步拓展，对丰富供应链金融理论体系和缓解涉农中小企业融资困境具有重要意义。但农产品季节性、分散性、易变质、难存储、难运输等弱质性特征决定其开展质押融资业务更加依赖 3PL。由此，3PL 是否努力工作（价值评估、运输、保管、价格监测等）将影响银行信贷安全、涉农中小企业融资困境的缓解、供应链核心企业利益等，所以促使其努力工作变得必要。本书针对 3PL 的道德风险问题，应用委托代理理论，探讨了有核心企业参与情况下银行与 3PL 间的激励和监督机制设计问题。通过研究获得如下结论：

（1）针对 3PL 的努力水平而言，变动报酬激励效果优于固定报酬。由均衡结果表达式及数例分析可知，固定支付不影响 3PL 努力水平，而变动支付则与 3PL 努力水平呈正相关关系，即银行或核心企业提供的变动支付越多，3PL 努力水平就越高。

（2）核心企业不论是协助参与抑或合作参与都会增加银行收益，因此银行应积极促使核心企业参与。据分析，核心企业参与对 3PL 激励监督的现实基础是存在的，因为 3PL 的偷懒会对质押物造成毁损，而质押物的损失会影响中小企业的正常生产经营或销售等作业活动，进而影响整个供应链的生产进度和作业安排，造成整体损失，其中损失最大的便是核心企业。

（3）与合作参与方式相比，协助参与方式在一定条件下对提高 3PL 努力水平和增加银行收益更为有利。因此具备相应条件时，银行应首选协助参与方式以提高自己的收益。

（4）银行和核心企业在激励基础上进行监督，不论核心企业选择何种参与方式，3PL 努力水平都会提高。但此时，银行收益能否增加还取决于银行的监督成本大小，若监督成本小，银行收益会增加，否则收益减少，此时对银行而言，监督变得不再必要。

参考文献

[1] DAVID BOGATAJ, MARIJA BOGATAJ. Measuring the supply chain risk and vulnerability in frequency space[J]. International Journal of Production Economics, 2007, 108(1): 291-301.

[2] AAN MARIMIN. Future manufacture environment[J]. Solid State Technology, 2011.

[3] 满明俊. 农业产业链融资模式比较与金融服务创新——基于重庆调研的经验与启示[J]. 农村金融研究, 2011（7）: 24-29.

[4] 庞燕, 易君丽. 农产品物流金融发展的风险防范研究[J]. 物流技术, 2012, 31（8）: 7-10.

[5] 方茂杨. 国内金融支农典型模式述评与改进[J]. 金融理论与实践, 2013（12）: 92-96.

[6] 李蜀湘, 颜浩龙. 基于违约风险的农产品供应链金融模式研究[J]. 物流技术, 2014, 33（5）: 365-367.

[7] 李涵, 王兆旭, 邹磊. 农产品订单融资的可行路径研究: 理论分析与具体实践[J]. 征信, 2014（4）: 67-71.

[8] 曾妮妮, 永春芳, 辛冲冲. 农产品供应链金融风险评价体系研究[J]. 农业展望, 2015（12）: 15-19.

[9] 王筱萍, 王文利. 农村中小企业集群供应链融资: 内生风险治理机制与效应[J]. 农业经济问题, 2015（10）: 34-42.

[10] 李炎炎. 农产品供应链金融及其风险管理研究[J]. 商业时代, 2013（17）: 84-85.

[11] 李毅学. 物流与供应链金融创新——存货质押融资风险管理[M]. 北京: 科学出版社, 2010.

[12] 新华网. 中央一号文件[Z]. http://www.sh.xinhuanet.com/2015-02/02/

c_133964284.htm, 2015. Xinhua Network. Central Document No.1.

[13] CRONIN M J. Banking and finance on the internet [M]. New York: John Wiley & Sons, 1997: 4-17.

[14] HENG M S H. Implications of e-commerce for banking and finance[M]. Netherlands: Virile Universities, 2001: 1-14.

[15] BASU P, NAIR S K. Supply chain finance enabled early pay: unlocking trapped value in B2B logistics [J]. International Journal of Logistics Systems and Management, 2012(3): 334-353.

[16] 谢平，邹传伟. 互联网金融模式研究[J]. 金融研究，2012（12）：11-22.

[17] 谢平，邹传伟，刘海二. 互联网金融的理论基础[J]. 金融研究，2015（8）：1-12.

[18] 陈一稀. 互联网金融的概念，现状与发展建议[J]. 金融发展评论，2013（12）：126-131.

[19] 和毅. 互联网金融模式下的供应链融资发展思考[J]. 金融理论与实践，2013（12）：75-77.

[20] 何娟，沈迎红. 基于第三方电子交易平台的供应链金融服务创新——云仓及其运作模式初探[J]. 商业经济与管理，2012（7）.

[21] 胡跃飞，黄少卿. 供应链金融背景创新与概念界定[J]. 金融研究，2009（8）：194-206.

[22] 张强. 融合仓单质押的电子商务中介型 B2B 运营模式研究[D]. 天津：天津大学管理学院，2007.

[23] 史金召，郭菊娥. 互联网视角下的供应链金融模式发展与国内实践研究[J]. 西安交通大学学报（社会科学版），2015，35（132）.

[24] 郭菊娥，史金召，王智鑫. 基于第三方 B2B 平台的线上供应链金融模式演进与风险管理研究[J]. 商业经济与管理，2014（1）：13-22.

[25] 宋华. 供应链金融[M]. 北京：中国人民大学出版社，2015.

[26] 史金召，郭菊娥，晏文隽. 在线供应链金融中银行与 B2B 平台的激励契约研究[J]. 管理科学，2015，28（5）：79-91.

[27] 林毅夫. 推广龙头企业担保公司缓解三农融资难题[OL]. http://business.sohu.com，2007.

[28] 黄丹. 线上供应链金融操作风险管理研究[D]. 武汉：武汉理工大学经济学院，2012.

[29] 杨浩雄，鲍寅丰. 物流金融业务中质押物选择研究[J]. 北京工商大学学报（社会科学版），2009，24（1）：88-93.

[30] 何娟，王欣. 存货质押业务风险因子关系影响分析：基于结构方程模型[J]. 现代管理科学，2011（7）：34-37.

[31] 薛浩，田大钢. 第三方物流服务产品的定价[J]. 企业经济，2005（7）：63-64.

[32] 谢天帅，李军. 第三方物流定价博弈分析[J]. 系统工程学报，2008，23（6）：751-758.

[33] 姜瑞斌，杨宏，叶筝飞. 基于动态延迟支付及动态折扣率的存货融资质押服务定价模型[J]. 物流科技，2008（9）：69-72.

[34] 朱文贵，朱道立，徐最. 延迟支付方式下的存货质押融资服务定价模型[J]. 系统工程理论与实践，2007（12）：1-7.

[35] 苑波，汪传旭. 随机需求条件下考虑延迟支付的第三方物流企业融资定价研究[J]. 山东大学学报（理学版），2010，45（5）：58-63.

[36] 易雪辉，周宗放. 核心企业回购担保下银行的存货质押融资定价决策[J]. 系统工程，2011，29（1）：38-44.

[37] 徐玖平，陈书建. 不对称信息下风险投资企业的委托代理模型研究[J]. 系统工程理论与实践，2004（1）：19-24.

[38] 宋周，何燕. 第三方物流中委托代理问题的经济分析[J]. 商业研究，2004（7）：138-140.

[39] 彭志忠，王水莲. 基于委托代理理论的物流金融信任机制研究[J]. 中国流通经济，2007（6）：13-15.

[40] 马中华，何娟. 物流企业参与下的存货质押融资中的委托代理问题研究[J]. 中国管理科学，2008，16：455-459.

[41] 徐鹏，王勇，杨金. 基于委托模式融通仓的银行对第三方物流激励和监督[J]. 管理科学，2008，21（1）：108-114.

[42] 周钊，王勇，徐鹏. 存货质押业务中银行对物流企业的最优激励契约[J]. 工业工程，2009，12（2）：29-32.

[43] 于萍，徐渝. 存货质押三方契约中银行对物流企业的激励[J]. 运筹

与管理，2010，19（3）：94-99.

[44] CORBETT C J, ZHOU D, TANG C S. Designing supply contracts: contract type and information asymmetry[J]. Management Science, 2004, 50(4): 550-559.

[45] XIANG H G, SURESH P S, HOUMIN Y. Channel coordination with a risk-neutral supplier and a downside-risk-averse retailer[J]. Production and Operations Management, 2005, 14(1): 80-90.

[46] CACHON G P. Supply chain coordination with contracts, handbooks in operation and managements science: supply chain management[M]. North-Hplland, 2003.

[47] 陈淮. 关于物资银行的设想[J]. 中国工业经济，1987（3）：75-76.

[48] 任文超. 物资"银行"的构思与操作[J]. 资本市场，1998（5）：50-51.

[49] 任文超. 从"物资银行"到"物流银行"[J]. 中国物流与采购，2009（9）：18.

[50] 罗齐，朱道立，陈伯铭. 第三方物流服务创新：融通仓极其运作模式初探[J]. 中国流通经济，2002（2）：11-14.

[51] 陈祥峰，石代伦，朱道立，等. 融通仓系统结构研究[J]. 物流技术与应用，2005（12）：103-106.

[52] 陈祥峰，石代伦，朱道立. 融通仓与物流金融服务创新[J]. 科技导报，2005，23（9）：30-33.

[53] 陈祥峰，石代伦，朱道立，等. 融通仓运作模式研究[J]. 物流技术与应用，2006（1）：97-99.

[54] 陈祥峰，石代伦，朱道立. 金融供应链及融通仓服务[J]. 物流技术与应用，2006（3）：93-95.

[55] 张媛媛，吉彩红. 基于质押贷款下的库存管理问题的研究[J]. 数学的实践与认识，2006，36（5）：88-95.

[56] 李毅学，徐渝，冯耕中，等. 标准存货质押融资业务贷款价值比率研究[J]. 运筹与管理，2006，15（6）：78-82.

[57] 李娟，徐渝，冯耕中，等. 基于存货质押融资业务的阶段贷款最优决策研究[J]. 运筹与管理，2007，16（1）：9-13.

[58] 陈宝峰，冯耕中，李毅学. 存货质押融资业务的价值风险度量[J]. 系

统工程，2007，25（10）：21-26.

[59] 白世贞，徐娜. 基于存货质押融资的质押率决策研究[J]. 系统工程学报，2013，28（5）：617-624

[60] 何娟，蒋祥林，朱道立，等. 考虑收益率自相关特征的存货质押动态质押率设定[J]. 管理科学，2012，25（3）：91-101

[61] 何娟，王建，蒋祥林. 存货质押业务质物组合价格风险决策[J]. 管理评论，2013，25（11）：163-176

[62] 陈云，刘喜，杨琴. 基于清算延迟和流动性风险的供应链存货质押率研究[J]. 管理评论，2015，27（4）：197-208.

[63] AGGARWAL S P, JAGGI C K. Ordering policies of deteriorating items under permissible delay in payments[J]. The Journal of the Operational Research Society, 1995, 46(5): 658-662.

[64] CHU P, CHUNG K J, LAN S P. Economic order quantity of deteriorating items under permissible delay in payments[J]. Computer and Operations Research, 1998, 20(10): 817-824.

[65] CHANG C T. Extended economic order quantity model under cash discount and payment delay[J]. International Journal of Information and Management Sciences, 2002, 13(3): 57-69.

[66] HWANG H, SHINN S W. Retailer's pricing and lot sizing policy for exponentially deteriorating products under the condition of permissible delay in payments[J]. Computers and Operations Research, 1997, 24(6): 539-547.

[67] SARKER B R, JAMAL A M M, WANG S J. Optimal payment time under permissible delay in payment for products with deterioration[J]. Production Planning & Control, 2000, 11(4): 380-390.

[68] SALAMEH M K, ABBOUD N E, KASSAR A N. Continuous review inventory model with delay in payments[J]. International Journal of Production Economics, 2003, 85(1): 91-95.

[69] CHANG C T, OUYANG L Y, TENG, JINN. An EOQ model for deteriorating items under supplier credits linked to ordering quantity[J]. Applied Mathematical Modeling, 2003, 27(12): 983-996.

[70] LAMBERT D M, EMMELHAINZ M A, GARDNER T. Building successful logistics partnerships[J]. Journal of Business Logistics, 1999, 20(1): 165-181.

[71] RADNER R. Monitoring cooperation a agreement in a repeated principal-agent relationship [J]. Econometrics, 1981, 49: 127-148.

[72] STIGLITZ J E, WEISS A. Credit rationing in markets with imperfect information[J]. The American Economic Review, 1981, 71(3): 393-410.

[73] SPENCE A M. Job market signaling[J]. Quarterly Journal of Economics, 1973 (87): 355-374.